年轻人要懂的人生哲理

别在吃苦的年纪选择安逸

文思源——编著

前言 PREFACE

在人生的道路上，很少有平坦的捷径，它往往充满着坎坷和崎岖。然而，无论是在工作还是生活中，我们总会犯一些这样或那样的错误，遭受一些这样或那样的挫折。如何才能正确地把握人生？如何才能领会生活的真谛？如何做生活的智者？答案就是掌握并领悟人生哲理。因为哲理是无数前人成功经验和失败教训的总结，是生活智慧的结晶，是一盏盏指引我们绕开阻碍、顺利奔向理想的明灯。只有懂得并掌握了人生的智慧，我们的人生才能如鱼得水、游刃有余。它会给你安慰、给你力量，让你在人生的道路上永远立于不败之地。

在人生的旅途中，每个人难免会遇到各种难题。如果把这些难题比作人生的坎儿，那么本书讲述的哲理就是人生智慧的锦囊；如果把难题比作一扇扇有待开启的大门，那么本书的哲理就是一把把开启它们的钥匙。此刻我们将它们双手奉上，希望能得到你的妥善保管、认真利用。衷心祝愿每一位获此人生锦囊的人都能实现自己心中的梦想，成就美满、幸福的人生。米兰·昆德拉说："生活是一张永远无法完成的草图，是一次永远无法正式上演的彩排。人们在面对抉择时完全没有判断的依据，我们既不能把它们与我们以前的生活相比，也无法使其完美之后再来度过。"

本书汇集了古今中外对人生最具启发和指导意义的哲理，故事内容丰富多彩，涉及成败、心态、机遇、幸福、宽容、品德、命运、处世、亲情、婚姻等人生的方方面面，让读者在轻松的阅读中得到全面的人生启迪，学会为人处世及立足社会的必备技能，更深刻地理解和把握人生，从容地面对生活中的各种问题。本书旨在帮助年轻人及早了解人生百态，尽快把握人生，在未来的人生旅程中，多一些得，少一些失；多一些成，少一些败。这些凝聚着前人智慧和经验的哲理是我们受益一生的法宝。只要你领悟其中的道理，娴熟地掌握、运用，相信你一定能够成就自我。

目录

CONTENTS

第一章　读懂人生，才能成就一生

第二章　世界上没有失败，只有暂时的不成功

第三章　因为痛，所以叫青春

第四章　保持积极的心态

第五章　想改变命运，先改变自己

第六章 低调处世，做人拒绝张扬

第七章　拒绝平庸，做最好的自己

第八章　幸福掌握在自己手中

第九章　拆掉思维里的墙

第十章　心有多大，舞台就有多大

第十一章　感谢折磨你的人和事

第十二章　世事本不完美，人生当有不足

第一章

读懂人生，才能成就一生

人生的真谛究竟是什么？我们活着又是为了什么？这一切关于人生与生命的叩问，在每个夜深人静之时，在每次孤独寂寞之时，它们如同潮水般涌向每一个思索的心房。

在一次又一次的无功而返后，在岁月的年轮不断增长时，我们终于向“人生”妥协，我们开始不去追寻人生的意义，渐渐地，在我们的心底留下了一个关于人生、关于生命的无解问题。

对人生多一些反思，生活会少一点盲目

一个名叫“我”的人做了个梦。

“我”在梦中见到了上帝。

上帝问“我”：“你想采访我吗？”

“我”说：“我很想采访你，但不知你是否有时间。”

上帝笑道：“我的时间是永恒的。你有什么问题吗？”

“你感到人类最奇怪的是什么？”

上帝答道：“他们厌倦童年生活，急于长大，而后又渴望返老还童；他们牺牲自己的健康来换取金钱，而后又牺牲金钱来恢复健康；他们对未来充满忧虑，却忘记了现在；于是，他们既不生活于现在之中，也不生活于未来之中；他们活着的时候好像从不会死去，但是死去以后又好像从未活过……”

上帝握住“我”的手，“我”沉默了片刻。

“我”问道：“作为长辈，你有什么生活经验要告诉子女？”

上帝笑着答道：“他们应该知道，他们不可能取悦所有人，他们所能做的只是让自己被人所爱；他们应该知道，一生中最有价值的不是拥有什么东西，而是拥有什么人；他们应该知道，与他人攀比是不好的；他们应该知道，富有的人并不是拥有最多，而是需要最少；他们应该知道，要在所爱的人身上造成深度的创伤只要几秒钟，但是治疗创伤却要花几年的时间；他们应该知道，有些人深深地爱着他们，却不知道如何表达自己的感情；他们应该知道，金钱可以买到任何东西，却买不到幸福；他们应该知道，两个人看同一个事物，会看出不同的东西；他们应该知道，得到别人的宽恕是不够的，他们也应当宽恕自己；他们应该知道，我始终存在。”

『人生感悟』

他们应该知道，得到别人的宽恕是不够的，也应当宽恕自己；应该知道：“上帝始终存在。”

时间如白驹过隙，积少亦可成多

卡尔·华尔德曾经是爱尔斯金的钢琴教师。有一天，他给爱尔斯金上课的时候，忽然问他：“你每天要花多长时间练习弹琴？”

爱尔斯金说：“大约每天3个小时。”

“不，不要这样！”卡尔说，“你将来长大以后，每天不会有长时间的空闲的。你可以养成习惯，一有空闲就几分钟几分钟地练习。

比如，在你上学以前，或在午饭以后，花上 5 分钟去练习，这样，弹钢琴就成了你日常生活中的一部分了。”

14 岁的爱尔斯金对卡尔的忠告未加注意，但后来回想起来觉得真是至理名言。

爱尔斯金在哥伦比亚大学教书的时候，他想兼职从事创作。可是上课、看卷子、开会等事情把他白天和晚上的时间占满了。差不多有两个年头，他不曾动笔，他的借口是“没有时间”。后来，他突然想起了卡尔告诉他的话。到了下一个星期，他就把卡尔的话实践起来。只要有 5 分钟左右的空闲时间，他就坐下来写作 100 个字或短短的几行。

出乎意料，在那个星期快结束的时候，爱尔斯金竟写出了相当多的稿子。后来，他用同样积少成多的方法创作长篇小说。爱尔斯金的授课工作虽一天比一天繁重，但是每天仍有许多可以利用的短短余闲。他同时还练习钢琴，发现每天小小的间歇时间，足够他从事创作与弹琴两项工作。

利用短时间，其中有一个诀窍：你要把工作进行得迅速，如果只有 5 分钟的时间给你写作，你切不可把 4 分钟消磨在咬你的铅笔尾巴上。事前要有所准备，工作的时候，立刻把心神集中在工作上。迅速集中脑力，做起来并不像你想象的那样困难。极短的时间，如果能毫不拖延地充分加以利用，就能积少成多地供给你更多成功的机会。

『人生感悟』

时间不能增加一个人的寿命，然而珍惜光阴可使生命变得更有价值。

你一定还有遗漏，
别把最重要的自己给丢弃

庙里新来了一个小和尚，他积极主动地跑到方丈面前，殷勤诚恳地说："我初来乍到，先干些什么呢？请前辈指教。"

方丈微微一笑，对小和尚说："你先认识一下寺里的众僧吧。"

第二天，小和尚又来见方丈，殷勤诚恳地说："寺里的众僧我都认识了，下边该干什么呢？"

方丈微微一笑，睿智地说："肯定还有遗漏，再接着去了解、去认识吧。"

3 天过去了，小和尚再次来见方丈说："寺里的所有僧侣我都认识了，我想做点事。"

方丈微微一笑："还有一人，你没认识，而且，这个人对你特别重要。"

小和尚疑惑地走出方丈的禅房，一个人一个人地询问、一间屋一间屋地寻找。在阳光里、在月光下，他一遍遍地琢磨，一遍遍地寻思着……不知过了多少天，小和尚在一口水井里忽然看到自己的身影，他豁然醒悟，赶忙跑去见方丈……

『人生感悟』

世界上有一个人，离你最近也最远；世界上有一个人，与你最亲也最疏；世界上有一个人你常常想起，也最容易忘记……这个人，就是你自己。

生命的恩赐，也许不是繁花似锦

在生命的黎明时分，走来一位带着篮子的仁慈仙女，她对一个少年说："篮子里都是礼物，你挑一样吧，而且只能带走一样。小心些，做出明智的选择。哦，之所以要你做出明智的抉择，是因为，这些礼物当中只有一样是宝贵的。"

礼物有5种：名望、爱情、财富、欢乐、死亡。少年迫不及待地说："这根本没有必要考虑，我选择欢乐。"

他踏进社会，寻欢作乐，沉湎其中。可是，到头来每一次欢乐都是短暂、沮丧、虚妄的。它们在行将消逝时都嘲笑他。最后，他颇为后悔地说："这些年我都白过了。假如我能重新挑选，我一定会做出明智的选择。"

话音未落，仙女出现了，说："还剩4样礼物，再挑一次吧，哦，记住，光阴似箭，要做出明智的选择。这些礼物当中只有一样是宝贵的。"

当初的少年已成为男人，他这次很慎重，沉思良久，然后挑选了爱情。仙女见此，眼里涌出了泪花。但是，这个男人并没有觉察到。很多年过去了，这个男人坐在一间空屋里，守着一口棺材。他神情沮丧，喃喃自语道："她们一个个抛下我走了。如今，最后一个最亲密的人也躺在这儿了。一阵阵孤寂朝我袭来。爱情这个滑头的商人，每卖给我一小时的欢娱，我就需要付出一个小时的悲伤。我从心底里诅咒它呀。"

“重新挑吧，”仙女又出现了，说，“岁月无疑把你教聪明了。还剩3样礼物。记住，它们当中只有一样是有价值的，注意选择。”这个男人沉吟良久，然后小心翼翼地挑选了名望。仙女叹了口气，扬长而去。

很多年以后，仙女又回来了。此时，那个男人正独坐在暮色中冥想。她站在他的身后，她明白他的心思：“我名扬全球，有口皆碑。我虽有一时之喜，但毕竟转瞬即逝！忌妒、诽谤、中伤、嫉恨、迫害却接踵而来，然后便是嘲笑，这是收场的开端；一切的末了，则是怜悯，它是名望的葬礼。出名的辛酸和悲伤啊！声名卓著时，遭人唾骂；声名狼藉时，受人轻蔑和怜悯。”

“再挑吧。”仙女开口说，“别绝望，还剩两样礼物，记住我的礼物中只有一样是宝贵的，而且你很幸运，它还在这儿呢。”

“财富，它就是权力！我真瞎了眼呀！”那个男人疯狂地叫喊着，“现在，我终于挑选到生命中最有价值的礼物了。我要挥金如土，大肆炫耀。那些惯于嘲笑和蔑视的人将匍匐在我脚前的污泥中。我要用他们的忌妒来喂饱我饥饿的心灵。我要享受一切奢华、一切快乐，以及精神上的一切陶醉，肉体上的一切满足。我要买名望、买遵从、买崇敬——庸碌的人间商场所能提供的人生的种种虚荣享受。在这之前，那些糊涂的选择让我失去了许多时间。那时我懵然无知，尽挑那些貌似最好的东西。”

短暂的3年过去了。一天，那个男人坐在一间简陋的顶楼里瑟瑟发抖。他衣衫褴褛，身体憔悴，脸色苍白，双眼凹陷。他一边咀嚼一块干面包，一边愤愤地嘀咕道：“为了那种种卑劣的事端和镀金的谎言，我要诅咒人间的一切礼物，以及一切徒有虚名的东西！它们根本不是礼物，只是些暂借的东西罢了。欢乐、爱情、名望、财富，都只是些暂时的伪装，它们永恒的真相是痛苦、悲伤、羞辱、贫穷。仙女说得一点不错，她的礼物之中只有一样是宝贵的，只有一样是有价值的。现在我知道，与那无价之宝相比，这些东西是多么可怜卑贱啊！那珍贵、甜蜜、仁厚的礼物呀！沉浸在无梦的永久酣睡之中，折磨肉体的痛苦和咬啮心灵的羞辱、悲伤便一了百了。给我吧！我疲倦了，我要安息。”

仙女又出现了，而且又带来了四样礼物，唯独没有死亡。她说：“我把它给了一个母亲的爱儿——一个小孩子。他虽懵然无知，却信任我，求我代他挑选。你没要求我替你选择啊！”

“哦，我真惨啊！那么留给我的是什么呢？”

“侮辱，你只配遭受垂垂暮年的反复无常的侮辱。”

『人生感悟』

万事万物，世间的一切名誉、地位最终统统都会随风而逝，而个人的终极命运则是“荒冢一堆草”。生让所有人平等，而死亡则会使卓越的人凸显出来。

给人生算账，绝不含糊过日子

人们对于金钱的支出，大多比较留心，但对于时间的支出，却往往不大在意。如果对人们在工作、生活等方面所用去的时间——

予以记录，列出一份“生命的账单”，不仅十分有趣，而且可能会令人有所感悟、有所警醒。

著名的《兴趣》杂志对人一生在时间的支配上做过一次调查，结果是这样的：站着，30年；睡觉，23年；坐着，17年；走着，16年；跑着，1年零75天；吃饭，7年；看电视，6年；闲聊，5年零258天；开车，5年；生气，4年；做饭，3年零195天；穿衣，1年零166天；排队，1年零135天；过节，1年零75天；喝酒，2年；如厕，195天；刷牙，92天；哭，50天；说“你好”，8天；看时间，3天。

古时有一首《莲花落》的词写道：“人生七十古稀，我年七十为奇，前十年幼小，后十年衰老，中间只有五十年，一半又在夜里过了。算来只有廿五年在世，受尽多少奔波烦恼……”

25年，倘若再除去劳碌纷争，属于我们的欢笑就更少得可怜了。

有本叫作《相约星期二》的书，写的是一位叫莫尔的教授，不幸身患绝症，在生命的最后，他跟他的学生慨叹道：“我们总觉得自己有的是时间，其实，生命是多么的短暂、多么的有限。要知道‘来日无多’，生活中永远别说‘太迟了’。”

『人生感悟』

不知道你看了这份“生命账单”是否感到触目惊心。这份账单上的时间支出，有一些是非花销不可的，但有的却完全可以节省。

善恶只在一念间

一位老僧坐在路旁，双目紧闭，盘着双腿，两手交握在衣襟之下，陷入沉思。

突然，他的冥思被打断。打断他的是武士嘶哑而恳求的声音："老头！告诉我什么是天堂！什么是地狱！"

老僧毫无反应，好像什么也没听到。但渐渐地他睁开双眼，嘴角露出一丝微笑。武士站在旁边，迫不及待，犹如热锅上的蚂蚁。

"你想知道天堂和地狱的秘密？"老僧说道，"你这等粗野之人，手脚沾满污泥，头发蓬乱，胡须肮脏，剑上铁锈斑斑，一看就知道没有好好保管，你这等丑陋的家伙，你娘把你打扮得像个小丑，你还来问我天堂和地狱的秘密！"

武士恶狠狠地骂了一句。"刷"地拔出剑来，举到老僧头上。他满脸血红，脖子上青筋暴露，就要砍下老僧的脑袋。利剑将要落下，老僧忽然轻轻地说道："这就是地狱。"

霎时，武士惊愕不已，肃然起敬，对眼前这个敢以生命来教导他的老僧充满怜悯和爱意。他的剑停在半空，他的眼里噙满了感激的泪水。

"这就是天堂。"老僧说道。

『人生感悟』

善恶常在一念之间。一切恶念、恶言、恶行对于自己和他人都是地狱；一切善念、善言、善举对于自己和他人都是天堂。如果人人都能弃恶从善，即使是地狱也能成为天堂。因此，每个人都要静坐常思己过，经常检点审视自己的内心，摒除心中的恶念，放弃伤人的恶言、恶行，让自己的心灵纯净，这样才会得到真正的内心的平静和安宁。

生命中最重要的不是昨天和明天，而是今天

1871 年春天，一个蒙特端综合医院的学生偶然拿起一本书，看到了书上的一句话，就是这句话，改变了这个年轻人的一生。它使这个原来只知道担心自己的期末考试成绩、自己将来的生活何去何从的年轻的医学院的学生，最后成为他那一代最有名的医学家。他创建了举世闻名的约翰·霍普金斯学院，被聘为牛津大学医学院的讲座教授，还被英国国王册封为爵士。他死后，用厚达 1466 页的两大卷书才记述完他的一生。

他就是威廉·奥斯勒爵士，而下面，就是他在 1871 年看到的由汤冯士·卡莱里所写的那句话：“人的一生最重要的不是期望模糊的未来，而是重视手边清楚的现在。”

威廉·奥斯勒爵士曾在耶鲁大学做了一场演讲，他告诉那些大学生，在别人眼里，曾经当过 4 年大学教授、写过一本畅销书的他，拥有的应该是一个特殊的头脑，可是，他的好朋友们都知道，他其

实也是个普通人。他的一生得益于那句话：“人的一生最重要的不是期望模糊的未来，而是重视手边清楚的现在。”

『人生感悟』

对于我们每个生命个体而言，最重要的是把今天的事做好，而非为了不切实际的虚幻未来担忧，也不是为了不可改变的昨天，我们只为今天而活。

有些真相还是不知道为好，了解越多内心只会越烦乱

一名男子百无聊赖地在大街上闲逛，他看到有一家商店的橱窗里什么也没有，便把脸贴在玻璃上使劲往里看，想看看这家商店到底是卖什么东西的，只见货架的牌子上写着各种各样的真相。

他感到很奇怪，便走了进去。在一个柜台前，他向小姐问道：“这是卖真相的商店吗？”

小姐答道：“是的，先生，您要买什么真相？是部分真相、相对真相、统计真相，还是完全真相？”

他没有想到会有一个能买到真相的商店，感到很有意思。太多的欺骗、隐瞒、谎言和假货使他伤透心了，于是他不假思索地说道：“我要买完全真相！”

于是，小姐把他带到另外一个柜台前，那里有一名男店员。他

对那位表情严肃的男店员说："我要买完全真相。"

"对不起，先生，您知道买完全真相要付出什么代价吗？"男店员问道。

"不知道。"他嘴上这样说，可是心里想，为了买到完全真相，不论什么代价他都愿意付出。

男店员告诉他，如果他要买走完全真相，需要付出的代价是自己永生不得安宁。他听后大吃一惊，没有想到买真相要付出如此巨大的代价，于是急匆匆地走出了商店。

他有些悲哀地意识到，他毕竟还需要一些谎言和借口把某些事情隐藏起来，他还没有勇气直面所有赤裸裸的真相。

『人生感悟』

有些事眼不见为净，知道得越多越危险。人生的许多事情拆穿了就没有意思了，还不如轻轻松松地睁一只眼、闭一只眼来得逍遥自在。

完美是种理想，允许修改多次也会有遗憾

有个叫伊凡的青年，读了契诃夫"要是已经活过来的那段人生，只是个草稿，有一次誊写，该有多好"这段话，十分神往，于是打了份报告递给上帝，请求在他的身上做个试验。

上帝沉默了一会儿，决定让伊凡在寻找伴侣一事上试一试。到

了结婚年龄，伊凡碰上了一位绝顶漂亮的姑娘，姑娘也倾心于他，伊凡感到非常理想，他们很快结成夫妻。不久，伊凡发觉姑娘虽然漂亮，可她一说话就“豁边”，一做事就“翻船”，两人的心灵无法沟通，他把这一次婚姻作为草稿抹了。

伊凡第二次的婚姻对象，除了绝顶漂亮以外，又加上绝顶能干和绝顶聪明。可是也没多久，他发现这个女人脾气坏，个性极强，聪明成了她讽刺伊凡的“利器”，能干成了她捉弄伊凡的手段。伊凡无法忍受这种折磨，他祈求上帝，请准予第三稿。

上帝笑了笑，也允了。

伊凡第三次成婚时，又加上了脾气好一条。婚后两人和睦亲热，半年下来，不料娇妻患上重病，卧床不起，能干、聪明一无所用，只剩下了毫无可用的好脾气。

从道德角度看，伊凡应与她厮守终生；但从生活角度看，无疑是相当不幸的，人生只有一次，一次无比珍贵，他试探能否再给他一次“草稿”和“誊写”。上帝面有愠色，但想到是试点，最后还是容许他再作修改。

伊凡经历了这几次折腾，个性已成熟，交际也老练了，最后终于选到了一位年轻漂亮能干、温顺健康的“天使”女郎。他非常满意，不想“天使”竟要变卦，她了解到伊凡是一个朝三暮四、连病人也不体恤的浪荡男人，提出要解除婚约。

上帝很为难，但为了确保伊凡的试点，未允。

“天使”说：“我们许多人被伊凡做了草稿，如果试验是为了推广，难道我们就不能有一次草稿和誊写的机会？”

上帝理屈，无法自圆，最后只好让伊凡也作为草稿，誊写在外。

满腹狐疑的伊凡，正在人生路上踟蹰，忽见前方新立一杆路标，是契诃夫二世写的："完美是种理想，允许你修改10次也不会没有遗憾!"

『人生感悟』

过分苛求完美只能带给自己终身遗憾，人的内心对一些事物、一些人总感觉无法满足，感到不够完美，殊不知，缺憾美正是人生的主旋律。

生命是一场旅行，不要急于到达终点

从前，有个年轻的农夫和情人相约在一棵大树下见面。他性子急，很早就来了。虽然春光明媚，鲜花烂漫，但他急躁不安，无心观赏，颓丧地坐在大树下长吁短叹。

忽然他面前出现了一个小精灵。"你等得不耐烦了吧?"精灵说，"把这个纽扣缝在衣服上吧。要是遇上不想等待的时候，向右旋转一下纽扣，你想跳过多长时间都行。"

小伙子高兴得不得了，握着纽扣，轻轻地转了一下。啊！真是奇妙！情人出现在他的眼前，正含情脉脉地凝望着他呢！"要是现在就举行婚礼该有多棒啊!"他心里暗暗地想着。他又转了一下，隆重的婚礼、丰盛的酒席出现在他的面前，美若天仙的新娘依偎着他，他深深地陶醉其中。他看着美丽的新娘，又想："如果现在只有我们俩该多好！”不知不觉中纽扣又转动了一点，立刻夜阑人静……

他心中的愿望层出不穷：“还要一所大房子，前面是自己的花园和果园。”他转动着纽扣，还想要一大群可爱的孩子。顿时，一群活泼健康的孩子在宽敞的客厅里愉快地玩耍。他又迫不及待地将纽扣向右转了一大半。

时光如梭，还没有看到花园里开放的鲜花和果园里累累的果实，一切就被茫茫的大雪覆盖了。再看看自己，须发皆白，已经老态龙钟了。

他懊悔不已：“我情愿一步步走完一生，也不要这样匆匆而过，还是让我耐心等待吧！”扣子猛地向左转动了，他又在那棵大树下等着可爱的情人。

他的焦躁烟消云散了，心平气和地看着蔚蓝的天空。原来，人生不能跳跃着前行，耐心等待才能让生命的历程充满乐趣。

『人生感悟』

每个人的一生就是一部历史，应该好好享受每一个过程，而不要急不可耐地将它翻到最后一页。

在绝境中，我们才能感受到真正的自己

父亲老狄克带着儿子小布莱克在山间漫游，借着山水当中的灵秀之气，父亲不断地给布莱克在智慧及灵性上予以开导。突然，布

莱克一声惊叫，指着远方急切地喊道：“爸爸，您看——”

老狄克一眼望去，看到一只恶狼正全力追着一只仓皇逃走的兔子。小布莱克当下便问道：“爸爸，要不要救救那只兔子？我看它跑得好可怜。”

老狄克笑了笑，说：“不急，我出个题目：你猜恶狼能不能追上兔子呢？”

小布莱克想了想，回答道：“应该很快就追上了吧！”

老狄克正色道：“不对，恶狼追不上兔子。”

小布莱克诧异地问：“为什么？”

老狄克慈祥地说：“那是因为恶狼所在乎的，不过只是一顿午餐，追不上兔子它可以转而再捕食其他的东西。但是兔子它若是被恶狼追上，自己的性命也就完了。当然兔子会用尽全力来逃命。所以我说，恶狼追不上兔子！你看吧——”

小布莱克转身一看，果然如父亲所说的，狼与兔子之间的距离愈来愈远。到最后，恶狼终于放弃继续追兔子，转过头去，另寻其他的食物了。

小布莱克在佩服父亲的真知灼见之余，又想到一个问题：“爸爸，照这么说来，恶狼明知永远追不上兔子，那么一开始，它又为什么想要去追兔子呢？”老狄克摸着小布莱克的头，说：“也不能说恶狼永远追不上兔子，只要狼群一起行动，兔子跑得再快，还是逃不出它们的围捕。也许那只恶狼在开始追兔子时，也希望能遇上伙伴的支援吧。”

『人生感悟』

古希腊的一座神庙上刻着的神谕告诫我们：“认识你自己！”当你不断攻克各个难关、创造奇迹时，你会发现你本身就是一个奇迹！在追求更好的雕琢过程中，我们才能一步一步变得更好。生命的追求、生命的意义就在这一步一步地超越自己中得到了升华！

不能认识自我的人，肯定要迷失在人生的道路上

有一位老师，常常教导他的学生说：人贵有自知之明。唯有自知，方能知人。有个学生在课堂上提问道：“请问老师，您是否知道您自己呢？”

“是呀，我是否知道我自己呢？”老师想，“嗯，我回去后一定要好好观察、思考、了解一下我自己的个性、我自己的心灵。”

回到家，老师拿来一面镜子，仔细观察自己的容貌、表情，然后再来分析自己的个性。

首先，他看到了自己亮闪闪的秃顶。“嗯，不错，莎士比亚就有个亮闪闪的秃顶。”他想。他看到了自己的鹰钩鼻。“嗯，英国大侦探福尔摩斯——世界级的聪明大师就有一个漂亮的鹰钩鼻。”他想。他发现自己个子矮小。“哈哈！拿破仑个子矮小，我也同样矮小。”他想。于是，他终于有了“自知”之明。

“古今中外名人、伟人、聪明人的特点集于我一身，我是一个

不同于一般的人，我将前途无量。”第二天，他对他的学生说。

『人生感悟』

知人者智，自知者明，这是中国古代思想家老子对我们的忠告。正如尼采所言：“聪明的人只要能认识自己，便什么也不会失去。”

所有丰硕的果实，曾经都是美丽的鲜花

有个风华正茂的青年，时常轻视饱经风霜的老人。

一天，父子俩同游公园。青年顺手摘下一朵鲜花，说道：“爸爸，我们年轻人就像这朵鲜花一样，洋溢着生命的活力。你们老年人，怎么能和青年人相比呢？”

父亲听罢，在经过小卖部的时候，顺便买了一包核桃，取了一颗，托在掌心，说道：“孩子，你比喻得不错。如果你是鲜花，我就是这干皱的果实。不过，事实告诉人们：鲜花，喜欢让生命显露在炫目的花瓣上；而果实，却爱把生命凝结在深藏的种子里！”

年轻人还是不服气：“要是没有鲜花，哪儿来的果实呢？”

父亲哈哈大笑：“是啊，所有的果实，都曾经是鲜花；然而，却不是所有的鲜花都能够成为果实！”

『人生感悟』

衡量人生的标准是看其是否有意义，而不是看其有多长。人生是一座伟大的宝藏，你必须懂得去摘取最有意义的珍宝。

生命的真谛，在于不断重新开始

一位拳术高手跪在宗师的面前，接受得来不易的黑带。这个徒弟经过多年的严格训练，终于出人头地了。

“在授予你黑带之前，你必须接受一个考验。”武学宗师说。

“我准备好了。”徒弟答道，以为可能是最后一个回合的练拳。

“你必须回答最基本的问题：黑带的真正含义是什么。”

“是我习武的结束。”徒弟答道，“是我辛苦练功应该得到的奖励。”

宗师等待着他再说些什么，显然他不满意徒弟的回答。最后他开口了：“你还没有到拿黑带的时候，一年以后再来。”

一年以后，徒弟再度跪在宗师的面前，师傅问：“黑带的真正含义是什么？”

“是本门武学中最杰出和最高荣誉的象征。”徒弟说。

宗师等啊等，过了好几分钟，徒弟还是不说话。显然，他很不满意，最后说：“你仍然没有到拿黑带的时候，一年以后再来。”

一年以后，徒弟又跪在宗师的面前，师傅问：“黑带的真正含义是什么？”

“黑带代表开始——代表无休止的磨炼、奋斗和追求更高标准的里程的起点。”

“好，你已经可以接受黑带开始奋斗了。”

『人生感悟』

禅宗里有这么一个说法，先是“看山是山，看水是水”，然后再到“看山不是山，看水不是水”，最后则是“看山还是山，看水还是水”的境界。人的生命也如此，总要经历否定之否定，不断重新开始，才能得到真正的真理。

学会从生活中采撷情调

我们的生活可以很平淡、很简单，但是不可以缺少情趣。二十几岁的年轻人要懂得从生活中的点滴琐细中，采撷出五彩缤纷的情趣。

杨蕊是一个大三的穷学生。一个男生喜欢她，同时也喜欢另一个家境很好的女生。在他眼里，她们都很优秀，他不知道应该选谁做妻子。有一次，他到杨蕊家玩，她的房间非常简陋，没什么像样的家具。但当他走到窗前时，发现窗台上放了一瓶花——瓶子只是一个普通的水杯，花是在田野里采来的野花。就在那一瞬，他下定了决心，选择杨蕊作为自己的终身伴侣。促使他下定这个决心的理由很简单，杨蕊虽然穷，却是个懂得如何生活的人，将来无论他们遇到什么困难，他相信她都不会失去对生活的信心。

刘玉是个普通的职员，过着很平淡的日子。她常和同事说笑："如果我将来有了钱……"同事以为她一定会说买房子、买车子，而她的回答是："我就每天买一束鲜花回家！"不是她现在买不起，而是觉得按她目前的收入，到花店买花有些奢侈。有一天她走过人行天桥，看见一个乡下人在卖花，他身边的塑料桶里放着好几把康乃馨，她不由得停了下来。这些花一把才5元钱，如果是在花店，起码要15元，她毫不犹豫地掏钱买了一把。这把从天桥上买回来的康乃馨，在她的精心呵护下开了一个月。每隔两三天，她就为花换一次水，再放一粒维生素C，据说这样可以让鲜花开放的时间更长一些。每当刘玉和孩子一起做这一切的时候，都觉得特别开心。

年轻人要懂得生活的情调，懂得在平凡的生活细节中拣拾生活的情趣。亨利·梭罗说过："我们来到这个世上，就有理由享受生活的乐趣。"当然，享受生活并不需要太多的物质支持，因为无论是穷人还是富人，他们在对幸福的感受方面并没有很大的区别，我们可以通过摄影、收藏、从事业余爱好等途径培养生活情趣。

年轻人懂得采撷生活情调，才能更好地享受生活。

『人生感悟』

生活中，没有一件小事可以被忽略。一次家庭聚会，一件普通得不能再普通的家务都可以为我们的生活带来无穷的乐趣与活力。

第二章 世界上没有失败，只有暂时的不成功

每个人成长的道路都不可能是一帆风顺的，但为什么有的人在不平坦的人生道路上摘取了迷人的桂冠，而有的人却碌碌无为呢？成功者之所以取得了成功，就在于他们在人生的旅程中，选择了努力作为人生和生命的支点，直到登上了理想的高峰。

要想使人生出现转机，就要做到出新出奇

毛姆是英国著名的作家，写下了《人性的枷锁》等著名长篇小说，他的短篇小说在世界上也非常具有影响力。

可谁知道，这位大作家在成名之前，生活却十分艰难，常常饿着肚子写作。

有一天，快到山穷水尽的毛姆来到一家报社的广告部，找到主任后，结结巴巴地说："先生，请帮我一把吧，我要推销我的小说。想来想去，只能求助于报社刊登广告了。还请您帮忙，在各大报纸上都刊登。"

"各大报纸？"广告部主任瞪大了眼睛，"毛姆先生，你有钱来登广告吗？"

"有，这个广告刊登后，我的书肯定会销售一空的，你肯先帮我垫付吗？到时加倍还您。"毛姆自信地说。

面对主任一脸的迷惘，毛姆递上了自己拟好的广告词。主任飞速地看完，立即一拍桌子："好，这主意棒极了，我帮你！"

第二天，各大报纸同时登出了一则令人注目的征婚启事："本人喜欢音乐和运动，是个年轻而有教养的百万富翁，希望能和毛姆小说中的主角完全一样的女性结婚。"

女性读者们看到这则广告，马上飞奔到书店，抢购毛姆的小说，回到家后，更是闭门苦读，让自己向小说中的女性靠拢。

男性读者也不甘落后，他们也争相阅读，他们的目的是想研究女性心理，然后对症下药，以防范自己的女友投进富翁的怀抱。

短短几天时间，毛姆的小说就被抢购一空，毛姆一举成名。他的生活终于迎来了巨大的转机。

『人生感悟』

创新是一种智慧。一个人越有创新能力，他的观点和想法就越多，他的能力就越强，他成功的可能性就越大。要想使自己的人生出现转机，最好的办法就是做到出新出奇。

世界上没有失败，
只有暂时的不成功

西娅在维伦公司担任高级主管，待遇优厚。很长一段时间，她都为到底去什么地方度假而烦恼。但是情况很快就变得糟糕起来。

为了应对激烈的竞争，公司开始裁员，而西娅则是被裁掉的其中一员。那一年，她 43 岁。

“我在学校里一直表现不错，”她向朋友说道，“但没有哪一项特别突出。后来，我开始从事市场销售。30 岁的时候，我加入了那家大公司，担任高级主管。”

“我以为一切都会很好，但在我 43 岁的时候，我失业了。那感觉就像有人给了我的鼻子一拳。”她接着说，“简直糟糕透了。”西娅似乎又回到了那段灰暗的日子，语气也沉重了许多。

在那段灰暗的日子里，西娅不能接受自己失业的事实。躲在家里不敢出门，因为每当看到忙碌的人们，她都会觉得自己没用，脾气也越来越大，孩子们也越来越怕她。情况越来越糟糕。

但就在这时，转机出现了。一个月后，一个出版界的朋友询问她，如何向化妆业出售广告。这是她擅长的东西，她似乎重新找到了自己的方向：为很多的公司提供建议、出谋划策。

两年后，西娅已经拥有自己的咨询公司。她已经不再是一个打工者，而是一个老板，收入自然也比以前多很多。

“被裁员是一件糟糕的事情，但那绝对不是地狱。也许，对你自己来说，可能还是一个改变命运的机会，比如现在的我。其实，重要的是如何面对。我记得那句名言：世界上没有失败，只有暂时的不成功。”西娅总结道。

『人生感悟』

没有人能够永远成功，也没有人永远失败；世界上没有失败，只有暂时的不成功。所以，当我们遭遇挫折时，不要灰心和失望，要相信，失败只是暂时的，成功就在前面。

想要取得成功，
就要善于发现和抢占机会

1951年夏天，凯蒙斯·威尔逊驾驶一辆大汽车，带着全家老小开往华盛顿特区旅游观光。一路上，美丽的风光使他心旷神怡，可住宿的遭遇却让他十分恼火：客房既小又脏，水暖设备差，洗澡不方便，很少见汽车旅馆有餐厅，即使有的话，所供应的食物也很差，收费也不低，一家人合住一间客房，每个孩子还要另收费。

“孩子睡在地板上还要加钱，太不应该了。”凯蒙斯对妻子抱怨道，“设施齐全、服务周到的汽车旅馆居然一家都没有！”

“都是这样的，在外就将就些吧。”妻子劝慰说。

那一刻，凯蒙斯的眼睛一亮：汽车旅馆普遍差，这不是蕴含着巨大的商机吗？如果我建造一些宾馆式的汽车旅馆，不就能赚大钱吗？

他兴奋地对妻子说：“我打算建造许多新型的汽车旅馆，和父母同住客房的儿童，也决不另外收取费用。我要做到人们一看到旅馆的招牌，就像到了自己的家。外出度假所住旅馆必须舒适和方便，这正是现在的汽车旅馆所缺少的。我想，我是极其平常的人，我喜欢的东西，别人也会喜欢。”

1952 年 8 月 1 日，他的第一家假日酒店正式开张营业。旅馆位于孟菲斯市萨默大街上，是汽车从东进入孟菲斯的主要通道，也是来往美国东西部的一条重要机动车道路。

在路旁，一块 18 米高的黄绿两色“假日酒店”的大招牌特别引人注目。到了晚上，招牌上的霓虹灯闪闪发光，更是醒目。汽车无论行驶在高速公路上的哪个方向，都能远远地一眼就望到假日酒店的招牌。凯蒙斯花费 1.3 万美元做了这块招牌，这块招牌让无论是成人还是小孩子都会联想到这是一个有趣的地方。

走进酒店，你会发现服务设施特别周全：走廊上备有软饮料和制冰机，旅客可以免费取用；客房里的空调让人感到十分凉爽；游泳池里清波荡漾；走几步就是餐厅，可供全家用餐，餐桌上还有特地为儿童设计的菜单；你住进酒店，工作人员叫得出你的名字，这让你备感亲切，他们见了你就微笑——这是凯蒙斯要求他们这样做的。他说：“世界上的语言有几百种，但微笑是通用的语言。微笑不需要翻译。”旅客需要服务，马上会有人来，并且决不收取小费；天气好的话，旅客可以在晚饭后出外散步，享受郊外的宁静感觉……而享受这一切，价格绝对便宜：单人房才收 4 美元，双人房 6 美元。凯蒙斯规定，和父母一起住的孩子，一概不另外收费。

“高级膳宿，中档收费。”凯蒙斯说，“既不完全是汽车旅馆，也不完全是宾馆，但提供它们两者都有的服务。”

旅客纷纷前来，有的旅客走进酒店，房间已经住满，服务的先生或小姐会为其和附近的旅馆联系住宿——这又是凯蒙斯发明的服务。

一炮打响，凯蒙斯马上着手建造更多的假日酒店。他采取特许经营的办法，向社会出售特许经营权，从而迅速推动假日酒店在全美各地到处开花……

20 世纪 60 年代初，人们对电脑还是很陌生的。可凯蒙斯却在想，如何应用这个新的技术来为酒店服务。他有一种预感，电脑会给酒店带来许多好处。

他想，为旅客预订外地假日酒店客房唯一的办法就是打长途电话，但长途电话费太贵了。能不能利用电脑，为各地的假日酒店相互之间建立“快车道”呢？他委托国际商用机器公司 IBM 设计安装一套电脑系统，它可以即时找出或预订在任何地方的任何一家假日酒店的可供投宿的客房，代价是 800 万美元。

后来，那套电脑系统设计出来了，并且取得了成功。当时其他的连锁旅馆都没有这种先进设备，假日酒店一下子拥有了巨大的优势。

『人生感悟』

机会不是等来的，机会是需要发现的，是需要抢占的。很多人之所以能够成功，就是因为他们有敏锐的眼光，能够发现别人没有发现的机会，并能抢占先机。

一个人若想成功，往往要经历很多惨痛的事

安德莱耶维奇手拿报纸，坐在沙发上打盹儿。突然，有人急促

地敲窗，这使安德莱耶维奇有些不知所措，因为他住在8楼，而且他这套房子是没有阳台的。起初，他只当是自己的幻觉。但是，敲窗声再次传来。陡然，窗户自动打开，窗台上显现出一个男子的身影，这人穿着长长的白衬衫。

安德莱耶维奇惊恐地想："是个梦游症患者吧，他要把我怎么样?"只见那男子从窗台跳到地板上，背后的两个翅膀摆动了一下。接着，他走到沙发前，挨着安德莱耶维奇坐下，说："深夜来访，请您原谅。不过，这是我的工作。有人说，我们天使逍遥自在，终日吃喝玩乐，其实那是胡言乱语。实际上，他对我任意欺压，刻薄着呢。"

安德莱耶维奇一下子没弄懂，问："这个'他'是谁呀?"天使压低声音回答："我告诉你吧，是上帝!""哦，明白了，明白了。那么，上帝或者您，找我有事儿吗?"天使说："您要知道，我是奉他的命令来找您的。我负责分配上帝所赐的东西，也就是智慧。每个人都应该分配到智慧，或多或少罢了。可是昨天我查明，我一时疏忽，您遭到了不公正的对待，也就是说，我忘了分配智慧给您。"

安德莱耶维奇怒气冲冲，从沙发上一跃而起："什么，什么!您怎么能够如此粗心大意！快把我应有的一份给我！别人的我管不着，可我的一份，劳驾，快给我吧。哼，难道我低人一等?"天使安慰他："我正是为此而来。我完全承认自己的过错。我尽力弥补，为您效劳。我给您送来的，不仅是智慧，而且是大智慧!"天使从怀里取出一只小塑料袋，里面五颜六色，流光溢彩。

安德莱耶维奇接过小塑料袋，藏进床头柜的抽屉里，转身说：

“谢谢您想起了我！要不然，我就会一点儿智慧也没有、傻头傻脑地混一辈子了！”“如今全安排好了！我真为您高兴！现在，您将享受到苦苦怀疑的幸福！”“什么，什么？怎样的怀疑？”

“苦苦的怀疑。”“这是为什么？非苦不可吗？”“那当然。此外，您还将狠狠地摔跤，飞速地升迁。”安德莱耶维奇没听清楚：“飞速地升迁？那好哇，还有什么？”“狠狠地摔跤！”安德莱耶维奇警觉起来，问：“唔，那么，还会怎么样？”“您还会由于暂时不被理解的孤立而感到一种崇高的自豪。”

“暂时不被理解？您不骗人？的确是暂时的吗？”“当然，暂时的！不过，这段时间可能比您的一生还长得多，但是您将经常具有一种创造的冲动！”安德莱耶维奇皱眉蹙额地说：“创造的冲动？还有什么？您全爽爽快快说出来吧，别折磨人了。”“哦，还多着呢。也许，甚至要为所抱的信念而牺牲生命，死而无憾！”“一定得……得死吗？”“要有充分的思想准备。这是获得人们敬仰的、万世流芳的伟大幸福。”

安德莱耶维奇沉默片刻，使劲地握握天使的手，说：“哦，好吧，谢谢您，感谢之至！”等天使飞出窗户，安德莱耶维奇就从抽屉里取出小塑料袋，准备丢进垃圾通道。

转念一想，他又下了楼，走进院子，找了个阴暗角落，把一塑料袋大智慧深深地埋入土中。

『人生感悟』

成功是每个人都梦寐以求的事，但一个人若想成功，往往要经历很多惨痛。这些惨痛的事包括“苦苦的怀疑”“大起大落”，甚至“失去生命”。所以，如果你想成功，那么就要做好这些心理准备。

只有充分了解自己，
才能握住成功的手

龟兔经过三次赛跑，似乎皆大欢喜。可兔子还总是有些别扭和烦恼，它又得了寒热病，瘫在灌木丛中，一会儿浑身冒汗，一会儿又冷得发抖，痛苦不堪。

碰巧爬来一只热衷美容的乌龟。兔子对他说：“好心人……水……我头发晕，浑身无力……池塘就在附近，只有几步远！”

乌龟见状怎能拒绝这种请求？可时间一分钟一分钟地过去，兔子从早上等到了黄昏，始终没见乌龟的踪影，兔子生气地骂道：“这个笨蛋！龟孙子！你在什么地方磨蹭啊？就为等你一口水……”

“你骂谁呀？”草丛微微晃动。

“你总算回来啦！”兔子喜叹道。

“还没呢，兔子。我想买辆宝马汽车送给你，你自己开车去，车就在专卖店呢。可又一想，如果总开车，兔子将来不就退化了吗，还是不送了。别急，我这就去打水。”

其实乌龟就没将兔子的请求当回事，一直由织布鸟在为他重新装修着龟壳，做着长远的规划……

过了几天，重塑形象的乌龟给狮王递上呈文，要求委以重任。

狗问乌龟："你想高攀什么职位？"

乌龟说："想当跟车的仆人。"

"这哪儿成？"狗纳闷儿，"你怎能胜任这个职务？你爬一步才前进一寸，而跟车的仆人要有飞毛腿般的奔跑能力，你真是异想天开。看来，你从没侍候过富家豪门。"

乌龟道："如今这世道，不看你是否有真才实学，只要有孝心，老天爷安排，就一定能让他们满意。"

结果呢？通过三亲六友拉"裙带"，乌龟果然当上了这个仆人。这么一来，赞颂之辞漫天飞，都夸乌龟跑得快，是个了不起的奇才。

在这种评价下，乌龟更加自信，又产生了更宏伟的设想，于是找到了鹰王说："请教我飞翔吧！只上一堂课我就能冲上云霄，穿过大气层，翻飞在太空。在那里，我可以看到太阳、月亮，还有成千上万的星星。我还可神速地降落，逍遥自在地掠过一个又一个城市，在短短的几天中饱览所有风光！"

鹰王嘲笑乌龟的荒唐，奉劝他知命守分，耐心地用自己的方式生存。可乌龟却固执己见，坚持要鹰王把飞翔的本领教给他。

鹰王无奈，只好抓起乌龟直飞云端，并对乌龟说："看你怎样飞翔！"说着鹰王把爪子一松，乌龟掉了下来，摔得粉身碎骨。

『人生感悟』

在社会生活中，只有充分了解自己，才能握住成功的手。决不能因为得到一些美誉就飘飘然起来，忘记了自己是谁、有多大能耐。盲目地作超出自身实际能力的决策，最后只会把自己搞得遍体鳞伤。

成功的第一秘诀

对自身的蔑视和残忍有不同的表现方式，自卑便是最常见的对自我的憎恨和与自己过不去，轻视自己，没有主见，用别人的判断标准扼杀自己的信心，这是许多悲剧的根源所在。因此，自卑是自信的天敌，是人生的陷阱。

科学家爱迪生说："自信是成功的第一秘诀。"自信是独立个性的一个重要成分，是人们从事任何事业的最可靠的资本，自信能排除各种障碍，克服各种困难，使事业获得完美的成功。

多年前的一个傍晚，一位叫亨利的青年移民，站在河边发呆。那天是他 30 岁的生日，可他不知道自己是否还有活下去的必要。因为亨利从小在福利院长大，身材矮小，长相也不漂亮，讲话又带着浓厚的法国乡下口音，所以他一直很瞧不起自己，认为自己是一个既丑又笨的乡巴佬，连最普通的工作都不敢去应聘，没有工作，也没有家。

就在亨利徘徊于生死之间的时候，与他一起在福利院长大的好朋友约翰兴冲冲地跑过来对他说："亨利，告诉你一个好消息！"

"好消息从来不属于我。"亨利一脸悲戚。

"不，我刚刚从收音机里听到一则消息，拿破仑曾经丢失了一个孙子。播音员描述的相貌特征，与你丝毫不差！"

"真的吗，我竟然是拿破仑的孙子？"亨利一下子精神大振。联想到爷爷曾经以矮小的身材指挥千军万马，用带着泥土芳香的法语发出威严的命令。他顿时感到自己矮小的身材同样充满力量，讲话时的法国口音也带着几分高贵和威严。

第二天一大早，亨利便满怀自信地来到一家大公司应聘。他竟然一应即被聘了。

20年后，已成为这家公司总裁的亨利，查证自己并非拿破仑的孙子，但这早已不重要了。

『人生感悟』

不是因为有些事情难以做到，我们才失去自信；而是因为我们失去了自信，有些事情才难以做到。所以，学会接纳自己，学会欣赏自己，将所有的自卑抛到九霄云外，是成功最重要的前提。

认准并发挥自己的特长，
就有机会成功

有这样一个关于军人和拿破仑·希尔的故事。

多年以前，一个年轻的退伍军人来找成功学大师拿破仑·希尔。

这个退伍军人想要找一份工作，但是他觉得很茫然也很沮丧：只希望能养活自己，并且找到一个栖身之处就够了。他黯然的眼神告诉希尔，哀莫大于心死。这个年轻人本来前途大有可为，却胸无大志。希尔非常清楚，是否能够赚取财富，都在他的一念之间。

于是希尔问他："你想不想成为千万富翁？赚大钱轻而易举，你为什么只求卑微地过日子？"

他回答："不要开玩笑了，我肚子饿，需要一份工作。"

希尔说，"我不是在开玩笑，我非常认真。你只要运用现有的资产，就能够赚到几百万元。"

"资产？什么意思？"他问，"我除了穿在身上的衣服，什么都没有。"

从谈话之中，希尔逐渐了解到，这个年轻人在从军之前，曾经担任富勒·布拉许的业务员，在军中他学得一手好厨艺。换句话说，除了健康的身体、积极的进取心外，他所拥有的资产还包括烹调的手艺及销售的技能。

当然，推销或烹饪无法使一个人晋升百万富翁，但是这个退役军人找到了自己的方向，许多机会就会呈现在他的眼前。

希尔和他谈了两个小时，看到他从深陷绝望的深渊中走出来，变成积极的思考者。一个灵感鼓舞了他："你为什么不运用销售的技巧，说服那些家庭主妇，邀请邻居来家里吃便饭，然后把烹调的器具卖给她们？"

希尔借给他足够的钱，买了一些像样的衣服及第一套烹调器具，然后放手让他去做。

第一个星期，他卖出铝制的烹调器具，赚了100美元。第二个星期他的收入加倍。然后他开始训练业务员，帮他销售相同样式的成套烹调器具。

4年以后，他每年的收入都在100万美元以上，并且他还自行设厂生产。

『人生感悟』

很多人对自己没有信心，认为自己没有成功的机会。其实，我们每个人都有自己的一技之长，找到并发挥其作用，就有机会获得成功。

把精力集中到一个目标上，迟早会有所成就

拉马克于1744年8月1日生在法国的毕加底，他是兄弟姐妹11人中最小的一个，也最受父母宠爱。拉马克的父亲希望他长大后当个牧师，于是送他到神学院读书。

后来，由于德法战争爆发，拉马克当了兵，因病退伍后，他爱上了气象学，想自学当个气象学家，于是整天仰首望着多变的天空。

再后来，拉马克在银行里找到了工作，想当个金融家。

很快，拉马克又爱上了音乐，整天拉小提琴，想成为一名音乐家。

这时，他的一个哥哥劝他当医生，拉马克学医4年，可是对医学没有多大兴趣。

正在这时，24岁的拉马克在植物园散步时遇上了法国著名的思想家、哲学家、文学家卢梭，卢梭很喜欢拉马克，常带他到自己的研究室去。在那里这位“南思北想”的青年深深地被科学迷住了。

从此，拉马克花了整整 11 年的时间，系统地研究了植物学，写出了名著《法国植物志》。拉马克 35 岁时，当上了法国植物标本馆的管理员，又花了 15 年研究植物学。拉马克 50 岁的时候开始研究动物学。此后，他为动物学花了 35 年时间。

也就是说，拉马克在 24 岁以前，虽然做过很多事，但一无所成。从 24 岁起，他集中精力，目标专一，用了 26 年时间研究植物学，用 35 年时间研究动物学，于是，拉马克成了一位著名的博物学家。

『人生感悟』

卡莱尔说："即使是最弱的人，只要集中其精力于单一目标，也能有所成就；反之，最强的人，分心于太多的事务，可能一无所成。"一个人的精力是有限的，目标太多，往往什么事都做不好，所以，目标要专一才能有收获。

始终怀有赢的激情，必然能创造辉煌的人生

世界传媒巨子雷石东始终怀有一种赢的激情。

1923 年，雷石东出生在美国波士顿一个清贫的犹太人家庭，17 岁就读于美国哈佛大学，20 岁被选拔服役，从事破译日军电报密码工作。31 岁时，他放弃了给他带来丰厚收入的律师工作，开始了第一次创业，经营"国家娱乐有限公司"。几十年后，他积累了 5 亿美

元的财富。

然而，不幸的事情发生了。1979 年，雷石东在参加华纳兄弟公司的一个聚会时，在酒店遭遇了一场火灾。火灾中，他身体 45% 的皮肤被大火烧毁，右手腕也几乎脱离了身体。对于一个 56 岁的人而言，生存成了一个严峻的问题。

然而，雷石东凭借自己那种赢的激情和坚忍不拔的意志，与死神展开了激烈的搏斗，并最终取得了胜利，度过了生命中最艰难的岁月。56 岁的雷石东就像凤凰涅槃，浴火重生，并让生命散发出更为夺目的光彩。

63 岁时，他二次创业，收购维亚康姆公司；70 岁时，收购派拉蒙电影公司；76 岁时，收购哥伦比亚广播公司；78 岁时，被《福布斯》评为全球排行第 18 位的富豪；2005 年，82 岁的他还管理着全球最大的传媒娱乐公司，并且正积极进军中国传媒市场，为事业发展再创高峰。

谈起那场几乎吞噬他生命的大火，他说："我个人的信念并没有因为这场大火而发生任何变化，我的价值观与发生大火前没有什么不同。无论是在高中、大学、法学院学习，还是后来建立自己的媒体王国，我的价值观始终不曾改变。我始终怀有赢的激情，这种激情体现了我生命的全部意义。"

『人生感悟』

激情是战胜所有困难的强大力量，它能使我们的头脑变得灵活，能使我们的意志变得坚强。赢的激情更是一种强大的潜在的力量，始终怀有赢的激情，必然能创造辉煌的人生。

坚持错误的方向，只会离成功越来越远

有一个落魄潦倒的穷画家，一直坚持着自己的理想，除了画画之外，不愿从事其他的工作。而他画出来的作品，一张也卖不出去，搞得一日三餐总是没有着落，幸好街角餐厅的老板心地很好，总是让他赊欠每天吃饭的餐费，穷画家也就天天到这家餐厅来用餐。

一天，穷画家在餐厅里吃饭，突然间灵感泉涌，不顾三七二十一，拿起桌上洁白的餐巾，用随身携带的画笔，蘸着餐桌上的酱油、番茄酱等各式调味料，当场作起画来。餐厅的老板也不制止他，反倒趁着店内客人不多的时候，站在画家身后，专心地看着他画画。过了好一会儿，画家终于完成了他的作品，他拿着餐巾左顾右盼，摇头晃脑地欣赏着自己的杰作，深觉这是有生以来画得最好的一幅作品。

餐厅老板这时开口道："嗨！你可不可以把这幅作品给我？我打算把你所积欠的饭钱一笔勾销，就当作买你这幅画的费用，你看这样好不好啊？"穷画家感动莫名，惊异道："什么？连你也看得出来我这幅画的价值？啊！看来，我真的是离成功不远了。"

餐厅老板连忙道："不！请你不要误会，事情是这样的，我有一个儿子，他也像你一样，成天只想着要当一个画家。我之所以要

买这幅画，是想把它挂起来，好时时刻刻警醒我的孩子，千万不要落到像你这样的下场。”

『人生感悟』

一个人要想成功，在其奋斗目标切实可行的前提之下，必须要有不达目的誓不罢休的精神。但如果固执地坚持错误的方向，而且始终都不愿修正，那么非但不会成功，反而会离成功越来越远。

只要脚步不停歇，
那么失败就只是暂时的

犹太女作家内丁·戈迪默，无疑是犹太民族的骄傲。她是25年来第一位获诺贝尔文学奖的女作家，也是诺贝尔文学奖设立以来的第七位女性获奖者。然而，这份荣誉是她用40年的心血和汗水浇铸的，这当中，她多次面临困厄与失败，但她从不沉沦，毫不气馁。

戈迪默于1923年出生在约翰内斯堡附近的小镇——斯普林斯村。她的父亲是犹太珠宝商，母亲是英国人，富裕的家庭生活，造就了小戈迪默无限的憧憬和遐想。

6岁那年，她做起了当一位芭蕾舞演员的梦，舞蹈生涯最能淋漓尽致地表现人的修养和思想情感，也许这就是她追求的事业。于是，她报了名，加入了小芭蕾剧团的行列。然而事与愿违，由于体质太弱，她对大活动量的舞蹈并不适应，时不时一些小病小灾纠缠

着她，小戈迪默被迫放弃了对这项事业的追求。

遗憾之余，这位倔强的女性暗暗发誓：条条大道通罗马，我终究要找到适合自己的成功之路。然而，命运不但没有赐福给她，反而把她逼上越发痛苦的深渊。

8岁时，她又因患病离开了学校，中断了学业，只好终日与书为伴了。一个偶然的机会，戈迪默发现了斯普林斯图书馆，此后，她一头扎进了这家图书馆，整日泡在书堆里，尽情而贪婪地汲取着知识的营养。终于，她那嫩弱的小手拿起了笔，一股股喷泉一样的情感流淌在了白纸上。那年，她刚刚9岁，文学生涯就此开始。15岁时，她的第一篇小说在当地一家文学杂志上发表了。

1953年，戈迪默的第一部长篇小说《说谎的日子》问世。优美的笔调，深刻的思想内涵，轰动了当时的文坛。戏剧界、文学界几乎同时将关注的目光投向了这位非同一般的女作家——内丁·戈迪默。像一匹脱缰的野马，戈迪默的创作一发不可收拾。漫长的创作生涯中，她相继写出10部长篇小说和200篇短篇小说。多产伴着上等的质量，使她连连获奖：1961年，她的《星期五的足迹》获英国史密斯奖；1974年，她又获得了英国的文学奖。

创作上的黄金季节，使戈迪默越发勤奋刻苦。她说："我要用心浸泡笔端，讴歌黑人的生活。"满腔的热忱很快就得到了回报，她的《对体面的追求》一出版，就成为成名之作，受到了瑞典文学院的注意。接着，她创作的《没落的资产阶级世界》《陌生人的世界》和《上宾》等佳作，轻而易举地打入诺贝尔文学奖评选的角逐圈。然而，虽然几次都获诺贝尔文学奖提名，但每次都出于种种原因而未能得奖。

面对打击，这位女性若有所失。但是，失败并没有阻碍她向前的脚步，更没有影响到她对事业的追求，她继续努力着、奋斗着，一刻也没放松文学创作。终于，1991 年时，她从荆棘中闯出了一条成功的路，如愿以偿地获得了诺贝尔文学奖。

『人生感悟』

失败只是一种暂时的状态，是人生道路上的一道障碍，成功的脚步不会因此而停留。只有跨过了这道障碍，成功之花才会绽放。

一个人只要是快乐的，那么他就是成功的

一位少年梦想成为帕格尼尼那样的小提琴演奏家。他一有空闲就练琴，练得心醉神痴、走火入魔，却进步甚微，连父母都觉得这可怜的孩子拉得实在太蹩脚了，完全没有音乐天赋，但又怕讲出真话会伤害少年的自尊心。

有一天，少年去请教一位老琴师，老琴师说："孩子，你先拉一支曲子给我听听。"少年拉了帕格尼尼 24 首练习曲中的第三首，简直破绽百出。一曲终了，老琴师问少年："你为什么特别喜欢拉小提琴？"少年说："我想成功，我想成为帕格尼尼那样伟大的小提琴演奏家。"老琴师又问道："你快乐吗？"少年回答："我非常快乐。"

老琴师把少年带到自家的花园里，对他说：“孩子，你非常快乐，这说明你已经成功了，又何必非要成为帕格尼尼那样伟大的小提琴演奏家不可？在我看来，快乐本身就是成功。”

少年听了琴师的话，深受触动，他终于明白过来，快乐是世间成本最低、风险也最低的成功，却能给人真实的受用。倘若舍此而别求，就很可能会陷入失望、怅惘和郁闷的沼泽。少年心头的那团狂热之火从此冷静下来，他仍然常拉小提琴，但不再受困于成为帕格尼尼的梦想。

这位少年就是阿尔伯特·爱因斯坦。他一生仍然喜欢拉小提琴，虽然拉得十分蹩脚，却能自得其乐。

『人生感悟』

成功绝不仅仅指在事业上大有建树，名利双收。快乐即是成功。那些在现实生活中身心愉悦地生活着，活出了趣味的人，他们虽与功成名就不怎么沾边，但他们很快乐，我们同样也应该认为他们很成功。

第三章 因为痛，所以叫青春

我们20出头的年纪，虽然已被社会认定为成年人，但剥去表面的成熟，我们并未做好由里到外变成成年人的准备。我们被社会上一股必须成功的强迫感裹挟，哪怕是停下来喘口气都觉得不安，因而无法发现自己身上的无限可能。

这种来自对悬而未决的未来的不安，才是人生中最本质的问题。青春施加给人生的真正压力，并非那些需要积累的证书和业绩，而是看不到未来的不安感。因为看不清，因为对未来一无所知，所以时时感到迷茫和恐惧。

给自我加重，
是一个人不被打倒的唯一的方法

一艘货轮卸货后返航，在浩瀚的大海上，突然遭遇巨大风暴。

老船长果断下令：“打开所有的船舱，立刻往里面灌水。”

水手们担忧：“险上加险，不是自寻死路吗？”

船长镇定地说：“大家见过根深干粗的树被暴风刮倒吗？被刮倒的往往是没有根基的小树。空船时，最容易发生危险，船在负重的时候，才是最安全的。”

水手们半信半疑地照着做了，虽然暴风巨浪依旧那么猛烈，但随着货仓里的水越来越满，货轮渐渐地平衡了。

再来看下面的这个故事。

一个黑人小孩在他父亲的葡萄酒厂看守橡木桶。每天早上，他用抹布将一个个木桶擦拭干净，然后一排排整齐地摆放好。令他生气的是，往往一夜之间，风就把他排列整齐的木桶吹得东倒西歪。

小男孩很委屈地哭了。父亲摸着男孩的头说："孩子，别伤心，我们可以想办法去征服风。"

于是，小男孩擦干了眼泪坐在木桶边想啊想啊，想了半天终于想出了一个办法。他从井里挑来一桶一桶的清水，然后把它们倒进那些空空的橡木桶里，然后他就忐忑不安地回家睡觉了。

第二天，天刚蒙蒙亮，小男孩就匆匆爬了起来，他跑到放桶的地方一看，那些橡木桶一个个排列得整整齐齐，没有一个被风吹倒，也没有一个被风吹歪。小男孩高兴地笑了，他对父亲说："木桶要想不被风吹倒，就要加重木桶自己的重量。"男孩的父亲赞许地微笑了。

『人生感悟』

在这个世界上，有很多我们改变不了的东西，但是我们可以改变自己，改变我们自己心灵的重量，这样我们就可以稳稳地站住脚，不被风或其他东西吹倒或打倒。可以说，给自我加重，是一个人不被打倒的唯一的方法。

想做就立刻去做，不要有半点迟疑

孟列·史威济非常喜欢打猎和钓鱼，他最喜欢的生活是带着钓鱼竿和猎枪步行50里到森林里，过几天再回来，虽然筋疲力尽、满身污泥，但他快乐无比。这类嗜好唯一不便的是，他是个保险推销员，打猎、钓鱼太花时间。

有一天，当他依依不舍地离开心爱的鲈鱼湖，准备打道回府时突发异想：在这荒山野地里会不会也有居民需要买保险？那他不就可以同时工作又有户外时间了吗？结果他发现果真有这种人，他们是阿拉斯加铁路公司的员工。

他们散居在沿线五百里各段路轨的附近。他可不可以沿铁路向这些铁路工作人员、猎人和淘金者推销保险呢？

史威济就在想到这个主意的当天开始积极计划。他向一个旅行社打听清楚以后，就开始整理行装。他没有停下来让恐惧乘虚而入，他也不左思右想找借口，他只是搭上船直接前往阿拉斯加的“西湖”。

史威济沿着铁路走了好几趟，那里的人都叫他“步行的史威济”，他成为那些与世隔绝的家庭最欢迎的人。同时，他也代表了外面的世界。不但如此，他还学会了理发，替当地人免费服务。他还无师自通地学会了烹饪。由于那些单身汉吃厌了罐头食品和腌肉之类的食物，他的手艺当然使他变成最受欢迎的贵客。与此同时，他也正在做一件自然而然的事，正在做自己想做的事：徜徉于山野之间、打猎、钓鱼，并且像他所说的“过史威济的生活”。

在人寿保险事业里，对于一年卖出100万元以上的人设有光荣的特别头衔，叫作“百万圆桌”。史威济的故事中，最不平常而使人感到惊讶的是：在他把突发的一念付诸实际以后，在动身前往阿拉斯加的荒原以后，在沿线走过没人愿意前来的铁路以后，他一年之内就做成了百万元的生意，因而赢得“百万圆桌”上的一席之位。假使他在突发奇想时，对于做事的秘诀有半点迟疑，这一切都不可能发生。

『人生感悟』

很多事本来是可以做成的，但由于当时犹豫不决而错过了时机，或由于考虑太多而放弃了去做。下定决心后，就要立刻去做，这样会激发你的潜能，使你最渴望的梦想得以实现。

不停地奋斗，才能成为生活的强者

很多年以前，有一个年轻人，因为家贫没有读多少书，他去了城里，想找一份工作。可是他发现城里没一个人看得起他，因为他没有文凭。

就在他决定要离开那座城市时，忽然想给当时很有名的银行家罗斯写一封信。他在信里抱怨了命运对他如何不公：“如果您能借一点钱给我，我会先去上学，然后再找一份好工作。”

信寄出去了，他便一直在旅馆里等，几天过去了，他用尽了身上的最后一分钱，并将行李打包好了。就在这时，旅馆的老板说有他一封信，是银行家罗斯写来的。可是，罗斯并没有对他的遭遇表示同情，而是在信里给他讲了一个故事。

罗斯说，在浩瀚的海洋里生活着很多鱼，那些鱼都有鱼鳔，但是唯独鲨鱼没有鱼鳔。没有鱼鳔的鲨鱼照理来说是不可能活下去的，因为它行动极为不便，很容易沉入水底，在海洋里只要一停下来就有可能丧生。所以，为了生存，鲨鱼只能不停地运动，不停地为生存而奋斗。很多年后，鲨鱼拥有了强健的体魄，成了同类中最凶猛的鱼。最后，罗斯说，这个城市就是一个浩瀚的海洋，拥有文凭的人很多，但成为强者的人很少。你现在就是一条没有鱼鳔的鱼……

那天晚上，这个年轻人躺在床上久久不能入睡，一直在想着罗斯的信。突然，他改变了决定。第二天，他跟旅馆的老板说，只要能给他一碗饭吃，他就可以留下来当服务生，连一分钱工资都不要。旅馆老板不相信世上有这么便宜的劳动力，很高兴地留下了他。

10年后，他拥有了令全美国羡慕的财富，并且娶了银行家罗斯的女儿，他就是石油大王哈特。

『人生感悟』

我们知道，在这个世界上，只有强者才能生存得更好。每个人总有自己不如意的地方，但这不能成为逃避的借口。只要放下姿态，不停地奋斗，就一定能够成为生活的强者。

贫穷是一所学校，
只有通过劳动才能毕业

汤姆的父亲去世了，当时他只有十岁，别的孩子还都在尽情玩

要的时候，汤姆却承担起了家庭的重担，他要和妈妈一起支撑家庭。他知道这不是一件简单的事，但他必须这样做，因为他是家里唯一的男子汉。

他从来不主动向母亲要任何东西，但是这一次，他需要一本字典，这样才能把那门课学好。但怎么向妈妈要这些钱呢？看到母亲整天省吃俭用为了这个家而操劳，汤姆心里实在不是滋味。

躺在床上他辗转难眠，天快亮的时候才昏昏沉沉地睡去。第二天醒来的时候，大雪盖住了所有的路，寒风吹得每个人都不想去扫雪。

但汤姆可不这样想，他知道自己挣钱的机会到了。于是，他跑到邻居家，提出替他们清扫屋前的积雪来换取报酬，这个建议被邻居接受了。当他完成这项工作后，他得到了自己应得的报酬。

看来还有其他的人也愿意让人替他们扫雪，就这样汤姆换了一家又一家，整整一天他都在为别人家扫雪，最后他赚的钱足够买一本字典了，而且还有剩余。

当他回到家的时候，发现自己家门口的雪早已经被扫干净了。母亲做好了热乎乎的饭，正在等他回家吃饭呢。母亲知道他干什么去了，她用鼓励的眼神看着自己的孩子，她相信汤姆是最懂事的孩子，将来一定会取得很大的成就。

汤姆坐在自己的座位上，在所有的孩子中他是最开心的，因为他手里有一本用自己赚的钱买的字典。

长大后的汤姆成了一家大型公司的董事长。

再来看下面这个故事。

亨利的父亲过世了，他还有一个两岁大的妹妹，母亲为了这个家整日操劳，但是赚的钱难以让这个家的每个人都填饱肚子。看着母亲日渐憔悴的样子，亨利决定帮妈妈赚钱养家，因为他已经长大了，应该为这个家贡献一份自己的力量了。

一天，他帮助一位先生找到了他丢失的笔记本，那位先生为了答谢他，给了他一美元。

亨利用这一美元买了三把鞋刷和一盒鞋油，还自己动手做了个木头箱子。带着这些工具，他来到了街上，每当看见路人的皮鞋上全是灰尘，他就对那位先生说："先生，我想您的鞋需要擦油了，让我来为您效劳吧！"

他对所有的人都是那样有礼貌，语气是那么真诚，以至于每一个听他说话的人都愿意让这样一个懂礼貌的孩子为自己的鞋擦油。他们实在不愿意让一个可怜的孩子感到失望，他们知道这个孩子肯定是一个懂事的孩子，面对这么懂事的孩子，怎么忍心拒绝他呢！

就这样，第一天他就带回家五十美分，他用这些钱买了一些食品。他知道，从此以后每一个人都不需要再挨饿了，母亲也不用像以前那样操劳了，这是他能办到的。

当母亲看到他背着擦鞋箱，带回来这些食品的时候，她流下了高兴的泪水。"你真的长大了，亨利。我不能赚足够的钱让你们过得更好，但是我相信我们将来可以过得更好。"妈妈说。就这样，亨利白天工作，晚上去学校上课。他赚的钱不仅为自己交了学费，还足够维持母亲和小妹妹的生活了。他知道工作不分贵贱，只要是靠自己的劳动赚钱就是光荣的。

长大后的亨利成了一个远近闻名的百万富翁。

『人生感悟』

很多成功人士的家境原先都很贫穷，但正是由于贫穷，才迫使他们早早地学会了劳动——因为劳动可以改变贫穷。贫穷是一所学校，只有通过劳动才能得到金光灿灿的“毕业证书”。

勇敢地面对别人轻视嘲笑的目光，做生活中真正的强者

丹尼斯·罗杰斯上高中时，身高只有1.5米，体重36公斤，是一个地道的“矮子”。他的脊柱有些弯曲，整个上身看上去弯成一个问号的样子，那也是他面向自己将来人生的疑问：“我是谁？我将来能干什么？”他不知道。唯一确知的是，自己是一个矮子，他的身高连普通标准都达不到。

由于罗杰斯身材矮小，身单力薄，学校体育队的队员们老叫他“侏儒”。他们常拿他取笑。知道他打不过他们，便常来欺负他，故意绊倒他，抢他手里的书。罗杰斯经常生活在被恐吓的阴影之中。而且，学校里的每一个人都可能是潜在的恐吓者。体育课是他最难受的一门课，有竞赛的项目，哪一方也不愿要他，他常像皮球一样被踢来踢去。

一天，老师把罗杰斯叫到一边：“丹尼斯，我们决定替你转一

个班，从现在起，你到特殊教育班去上课吧！”

“特教班？可那是为残疾学生开的班呀！”

“我很抱歉，”他说，拍拍罗杰斯的肩膀，“但是我们是为你着想。”

放学了，罗杰斯回到家，“砰”的一声关上房门，在镜子前仔细端详自己：弯腰驼背，手臂细得可怜。他失望地倒在床上。“为什么？为什么我会长成这样？”罗杰斯站起身来，望着父亲在院子里干活的身影发呆。父亲虽然也是小个子，却曾在军队服役，身上肌肉发达，没人敢欺负他。罗杰斯暗自下了决心。

父亲帮助他制做了一个举重用的杠铃。每天晚上，他都到楼下的储藏室去练习举重。一次次地，罗杰斯逐渐能举起杠铃了。他又不时往上加重量，往往一次加上 5 磅，他必须要拼足全部力气才能举起来。对罗杰斯来说，这不仅仅是举杠铃，这是向自我挑战。

他要改变自己弱不禁风的形象。怎么办？他开始吃大量富含蛋白质的牛奶、鸡蛋等食品，并在各种健美杂志中寻求帮助。6 个月后，在罗杰斯 17 岁生日的这一天，他仍然只有 1.52 米高，体重 40 公斤。

罗杰斯做了一个实验：在杠铃上放上迄今为止能举起的重量，然后再加上额外的 50 磅。“不要去想你的个子，”他告诉自己，“举就是了，你能行。”他举了，居然举起来了！他知道为什么自己能举起这么重的东西了。过去，他总认为自己个子矮，越是这样，就越是限制了自己潜能的挖掘，更说不上发挥了。

从此，罗杰斯开始正规地学习举重，每天都去体育馆训练。他的肌肉增加了，力气增大了，微驼的脊背伸直了。有不少在这里锻炼的人爱掰手腕，他也加入进去。最初，当罗杰斯在他们面前坐下的时候，他们都以嘲笑的眼光看着他。

罗杰斯不理会这些，他把他们一个一个地都打败了。但是，罗杰斯输给了一个叫鲍勃的人。

一天，罗杰斯在健美杂志上看见一则东海岸将举行掰手腕比赛的广告，欢迎各路精英参加。他告诉鲍勃，自己也想去参加比赛。

“想都别想，”鲍勃说，“那都是些专业人士，他们一年到头都在训练。弄不好，你还会受伤的。”

罗杰斯不相信，他走进了东海岸掰手腕比赛的现场。罗杰斯遇到了同样轻视嘲笑的目光。然而，他打败了所有的对手。比赛结束的时候，罗杰斯成了冠军，一个真正的强者。

『人生感悟』

别人看不起我们没关系，重要的是我们自己要肯定自己，绝不能自暴自弃。只有充满信心，不断磨炼自己，让自身逐步完善壮大，才能击碎别人轻视嘲笑的目光，做生活中真正的强者。

勇敢地迎接挑战，才能无愧于人生

艾森豪威尔是美国第34任总统，他年轻时经常和家人一起玩纸牌游戏。

一天晚饭后，他像往常一样和家人打牌。这一次，他的运气特别不好，每次抓到的都是很差的牌。开始时他只是有些抱怨，后来，他实在忍无可忍，便发起了少爷脾气。

一旁的母亲看不下去了，正色道："既然要打牌，你就必须将手中的牌打下去，不管牌是好是坏。好运气是不可能都让你碰上的！"

艾森豪威尔听不进去，依然愤愤不平。母亲于是又说："人生就和打牌一样，发牌的是上帝。不管你名下的牌是好是坏，你都必须拿着，你都必须面对。你能做的，就是让浮躁的心情平静下来，然后认真对待，把自己的牌打好，力争达到最好的效果。这样打牌，这样对待人生才有意义！"

艾森豪威尔此后一直牢记母亲的话，并激励自己积极进取。就这样，他一步一个脚印地向前迈进，成为中校、盟军统帅，最后登上了美国总统之位。

『人生感悟』

我们无法选择也无力改变自身的生存环境，但如何适应环境则全靠自己把握。面对挫折，心浮气躁、怨天尤人解决不了任何问题。我们只有端正态度，勇敢地迎接挑战，并尽力做好每一件事，才能无愧于人生。

第四章 保持积极的心态

积极的心态是一个人对人生、对世界的积极看法和态度。可以说，心态是我们真正的主人，心态决定了我们的命运。积极的心态可以使人学会处世的智慧和做人的道理，使你的人生之路越走越宽，生命的价值越来越大，从而成就事业，获得幸福；消极的心态则很有可能会使人生的航船驶入浅滩，从而失去发展的机会，一生与困苦和不幸相伴。

心态具有强大的力量，从里到外影响着一个人。有怎样的心态，就会产生怎样的行动。同一件事情，由具有不同心态的人去做，其结果必会不同。积极的心态就像阳光，是能量之源，是快乐之本。当我们的心灵充满阳光时，我们的生活也一定会充满欢笑、丰富多彩。无数成功人士所走过的成功之路均证实了这样一个真理：积极的心态是成功的关键。

改变了心态，生活也会随之改变

塞尔玛陪伴丈夫驻扎在沙漠的一个陆军基地里。丈夫奉命到沙漠里演习，她一个人留在陆军的小铁皮房子里，天气热得受不了。她没有人可谈天——身边只有当地人，而他们不会说英语。她非常难过，于是就写信给父母，说要抛弃一切回家去。

她父亲的回信只有两行字，这两行字却永远留在了她心中，并完全改变了她的生活。这两行字是：

两个人从牢中的铁窗望出去，

一个看到泥土，一个却看到了星星。

塞尔玛一再读这封信，觉得非常惭愧。她决定要在沙漠中找到星星。

塞尔玛开始和当地人交朋友，他们的反应使她非常惊奇，她对他们的纺织、陶器表示兴趣，他们就把最喜欢但舍不得卖给观光客人的纺织品和陶器送给了她。

塞尔玛研究那些引人入迷的仙人掌和各种沙漠植物、动物，又学习有关土拨鼠的知识。她观看沙漠日落，还寻找海螺壳，这些海螺壳是几万年前这沙漠还是海洋时留下来的……原来难以忍受的环境竟变成了令人兴奋、流连忘返的奇景。

是什么使塞尔玛的内心发生了这么大的转变呢？

沙漠没有改变，当地人也没有改变，但是塞尔玛的观念改变了，心态改变了。一念之间，使她把原先认为恶劣的情况，变为一生中最有意义的冒险。她为发现新世界而兴奋不已，并为此写了一本书，以《快乐的城堡》为书名出版了。

她从自己造的牢房里看出去，终于看到了星星。

『人生感悟』

很多时候，我们之所以感到生活枯燥乏味，是因为我们的心态是枯燥乏味的。如果想使生活变得有滋有味，就要改变心态，变消极心态为积极心态。只有这样，我们才能改变自己的生活。

保持积极的心态，积极地行动起来

美国联合保险公司董事长克里蒙·斯通是美国巨富之一、世界保险业巨子。

斯通生于1902年，父亲早逝，母亲把他抚养长大。斯通的母亲早在斯通十几岁的时候，就把辛辛苦苦积攒下的一点钱，投到底特律的一家小保险经纪社。这家保险经纪社替底特律的美国伤损保险公司推销意外保险和健康保险。推销员仅一人，那就是斯通的母亲。每推销出一笔保险，她就会收到一笔佣金——这是她唯一的收入。

斯通16岁时，念中学。那个夏天，母亲指导他去推销保险。他走到母亲指导给他的大楼前，犹豫不决。这时，他默默地念着自己信奉的座右铭："如果你做了，没有损失，还可能有大收获，那就下手去做。马上就做！"

于是，他勇敢地走入大楼，逐门进行推销。结果，只有两个人买了保险；但在了解自己和推销术方面，他收获不小。第二天，他卖出了4份保险；第三天，6份。假期时，他居然创造了一天卖出10份的好成绩，后来一天10份、20份。

那时他发觉，他的成功是因为自己有积极的心态并能积极行动起来。20岁时，他在芝加哥开了一家保险经纪社——"联合登记保险公司"，全公司只有他一个人。开业头一天销出54份保险。后来，事业一天比一天兴旺。有一天，居然创造了122份的纪录。

后来，他在各州招人，在各处扩展他的事业；各州有一名推销总管，领导推销员，他自己管理各地的总管，那时，斯通还不到30岁。

但那时候，整个美国笼罩在经济大恐慌之中，大家都没有钱买健康和意外保险，真正有钱的人又宁愿把钱存下来以防万一。这时，斯通给自己加了几条应付困难的座右铭："销售是否成功，决定于推销员，而不是顾客。如果你以坚定的、乐观的心态面对艰难，你反而能从中获得益处。"结果，他每天成交的份数，竟与以前鼎盛时期的相当。

1938年年底，斯通成了一名富翁，而他所领导的保险公司，也成了美国保险业首屈一指的大企业。

『人生感悟』

翻阅成功人士的成功史，我们不难发现，他们之所以能够出人头地，是因为他们都能保持积极的心态并能积极行动起来。积极的心态加上积极的行动，是取得成功的秘诀。

无论发生了什么，都没有什么大不了的

如果一个人在46岁的时候，在一次很惨的意外事故中被烧得不成人形，4年后又在一次坠机事故后腰部以下全部瘫痪，会怎么办？

接下来，我们能想象他会变成百万富翁、受人爱戴的公共演说家、扬扬得意的新郎官及成功的企业家吗？我们能想象他会去泛舟、玩跳伞、在政坛角逐一席之地吗？

但这一切，米契尔全做到了，甚至有过之而无不及。在经历了两次可怕的意外事故后，他的脸因植皮而变成一块彩色板，手指没

有了，双腿如此细小，无法行动，只能瘫痪在轮椅上。

那次意外事故，把他身上六成以上的皮肤都烧坏了，为此他动了 16 次手术，手术后，他无法拿起叉子，无法拨打电话，也无法一个人上厕所，但以前曾是海军陆战队队员的米契尔从不认为他被打败了。他说："我完全可以掌控我自己的人生之船，那是我的浮沉，我可以选择把目前的状况看成倒退或是一个起点。" 6 个月之后，他又能开飞机了！

米契尔为自己在科罗拉多州买了一幢维多利亚式的房子，另外也买了别处的房子、一架飞机及一家酒吧，后来他和两个朋友合资开了一家公司，专门生产以木材为燃料的炉子，这家公司后来变成佛蒙特州第二大私企公司。

意外事故发生后 4 年，米契尔所开的飞机在起飞时又摔回跑道，把他胸部的 12 条脊椎骨压得粉碎，腰部以下永远瘫痪！

米契尔仍不屈不挠，日夜努力使自己能达到最高限度的独立自主，他被选为科罗拉多州孤峰顶镇的镇长，以保护小镇的美景及环境，使之不因矿产的开采而遭到破坏。米契尔后来也竞选国会议员，他用一句"不只是另一张小白脸"的口号，将自己难看的脸转化成一项有利的资产。

尽管刚开始面貌骇人、行动不便，米契尔却开始泛舟，他坠入爱河且完成终身大事，他拿到了公共行政硕士学位，并持续他的飞行活动、环保运动及公共演说。

米契尔屹立不倒的正面态度，使他得以在《今天看我秀》及《早安美国》节目中露脸，同时《前进杂志》《时代周刊》《纽约时报》

及其他出版物也都有米契尔的人物特写。

米契尔说："我瘫痪之前可以做1万件事，现在我只能做9000件，我可以把注意力放在我无法再做的1000件事上，或是把目光放在我还能做的9000件事上。告诉大家，我的人生曾遭受过两次重大的挫折，而我不能把挫折拿来当成放弃努力的借口。或许你们可以从一个新的角度，来看待一些一直让你们裹足不前的经历。你可以退一步，想开一点，然后，你就有机会说：'或许那也没什么大不了的！'"

『人生感悟』

这世上有幸运，就会有不幸。当不幸来临时，无论发生了什么事，都要保持一种积极向上的心态和顽强的拼搏精神。我们要告诉自己："这没什么大不了的，我依然可以做以前想做的事，而且可以把能做的事做得更好。"

当弱点受到挑战时，用强项去迎接挑战

多年前的那个周末舞会，女孩是秀发披肩、亭亭玉立的大学毕业生，她像一朵六月的新莲在沸腾的舞池中，翩翩起舞，飘逸而芬芳。

在目光的包围和无休无止地旋转后，她累了，坐在一隅休息。

这时，一个男孩走过来，向她微微鞠躬，伸出手："我可以请

你跳一曲吗?”他彬彬有礼，像一个古代的王子，让人不忍拒绝。

带着一丝疲倦，她站了起来。当两个人面对面地站在舞池中，静等音乐响起的片刻，她突然发现，那个男孩竟然比她似乎还矮一点。也许并不真的比她矮，但是女孩子觉得，如果哪个男孩与她等高，那就已经是很矮了。

“我比你还高哪!”女孩子悄悄地说笑着，像小时与小伙伴比高矮时得胜后高兴的样子。其实是心无城府的，因为她从小就比身边所有的朋友长得高，已习惯了在与他们的比较中骄傲地笑。但眼前的男孩并不是自己的朋友，只是舞会上偶尔邂逅的舞伴。女孩立刻为自己的口无遮拦后悔了。她的脸唰的一下红了。

一切发生得太快了，男孩子有点猝不及防。稍稍愣了一下，脸上的笑还来不及褪去，新的一波笑意竟浮了上来。

他不愠不恼地说:“是吗?我要迎接挑战。”

后面四个字稍稍有点重。女孩无语，歉意地笑，躲过他的目光，却有点紧张地捕捉来自他的信息。只见他下意识地挺直了腰胸，轻描淡写地说:“把我所发表过的文章垫在我的脚底下，我就比你高了。”

原来，他也有他的骄傲。

舞会后不久，他们成了恋人。后来，因为阴差阳错，他们并没能走到一起。但是，女孩却从来没有忘记过他，没有忘记当年在舞会上的那一幕，尤其是那两句不卑不亢的话:“我要迎接挑战。把我所发表的文章垫在我的脚底下，我就比你高了。”

『人生感悟』

每个人都会有自己的弱点或缺陷，每个人也都有自己的强项，当弱点或缺陷受到挑战时，不要退缩，而要勇敢地去迎接它，用自己的强项击败挑战。

一切都会过去

古希腊有一位国王，拥有至高无上的权势、享用不尽的荣华富贵，但他并不快乐。他可以主宰自己的臣民，却难以操控自己的情绪，种种莫名其妙的焦虑和忧郁不时让他闷闷不乐、寝食难安。

于是，他召来了当时最负盛名的智者苏菲，要求他找出一句人间最有哲理的箴言，而且这句浓缩了人生智慧的话必须有一语惊心之效，能让人胜不骄、败不馁，得意而不忘形、失意而不伤神，始终保持一颗平常心。苏菲答应了国王，条件是国王将佩戴的那枚戒指交给他。

几天后，苏菲将戒指还给了国王，并再三劝告他："不到万不得已，别轻易取出戒指上镶嵌的宝石，否则，它就不灵验了。"

没过多久，邻国大举入侵，国王率部拼死抵抗，但最终整个城邦沦陷于敌手，于是，国王四处亡命。

有一天，为逃避敌兵的搜捕，他藏身在河边的茅草丛中，当他掬水解渴，猛然看到自己的倒影时，不禁伤心欲绝——谁能相信如今这个蓬头垢面、衣衫褴褛的人，就是那个曾经气宇轩昂、威风凛凛的国王呢?

就在他双手掩面欲投河轻生之际，他想到了戒指。他急切地抠下了上面的宝石，只见宝石里侧镌刻着一句话——这也会过去!

顿时，国王的心头重新燃起希望的火花。从此，他忍辱负重、卧薪尝胆，重招旧部并东山再起，最终赶走了外敌，赢回了王国。

当他再一次返回王宫后，所做的第一件事便是将“这也会过去”这句五字箴言，镌刻在象征王位的宝座上。

后来，他被誉为最有智慧的国王而名垂青史。据说，临终之际，他特意留下遗嘱：死后，双手空空地露出灵柩之外，以此向世人昭示那句五字箴言。

『人生感悟』

普希金说，一切都是暂时的，转瞬即逝……因此，我们身处顺境时，要学会惜福与感恩；身处逆境时，要学会坚忍和等待，要相信逆境只是暂时的。告诉自己：“这也会过去，一切都会过去。”

即使在最绝望的时候，也要再努力一次

如果你参观过开罗博物馆，你会看到从图坦·卡蒙法老王墓挖出的宝藏，令人目不暇接。庞大建筑物的第二层放的大部分都是灿烂夺目的宝藏：黄金、珍贵的珠宝、饰品、大理石容器、战车、象

牙与黄金棺木，巧夺天工的工艺至今仍无人能及。

如果不是霍华德·卡特决定再多挖一天，这些不可思议的宝藏也许仍在地下不见天日。

1922年的冬天，卡特几乎放弃了寻找年轻法老王坟墓的希望，他的赞助者也即将取消赞助。卡特在自传中写道：

“这将是我们待在山谷中的最后一季，我们已经挖掘了整整6季，春去秋来毫无所获。我们一鼓作气工作了好几个月却没有发现什么，只有挖掘者才能体会这种彻底的绝望感；我们几乎已经认定自己被打败了，正准备离开山谷到别的地方去碰碰运气。然而，要不是我们最后垂死的一锤努力，我们永远也不会发现这远超出我们梦想所及的宝藏。”

霍华德·卡特最后垂死的努力成了全世界的头条新闻，他发现了近代唯一的一座完整出土的法老王坟墓。

『人生感悟』

最浪费时间的一件事就是及早放弃。人们经常在做了90％的工作后，放弃了最后可以让他们成功的10％。这不但输掉了开始的投资，更丧失了经由最后的努力而发现宝藏的喜悦。即使在最绝望的时候，也要再努力一次。

在困境中，要相信一切都能应付过去

辛·吉尼普的父亲病重的时候已经60岁了，仗着他曾经是全州的拳击冠军，有着硬朗的身子，才一直挺了过来。

那天，吃罢晚饭，父亲把全家人召到病榻前。他一阵接一阵地咳嗽，脸色苍白。他艰难地扫了每个人一眼，缓缓地说："那是在一次全州冠军对抗赛上，对手是个人高马大的黑人拳击手，而我个子矮小，一次次被对方击倒，牙齿也出血了。休息时，教练鼓励我说：'辛，你不痛，你能挺到第十二局！'我也说：'我不痛，我能应付过去！'我感到自己的身子像一块石头、像一块钢板，对手的拳头击打在我身上发出空洞的声音。跌倒了又爬起来，爬起来又被击倒了，但我终于熬到了第十二局。对手战栗了，我开始了反攻，我是用我的意志在击打，长拳、勾拳，又一记重拳，我的血同他的血混在一起。眼前有无数个影子在晃，我对准中间的那一个狠命地打去……他倒下了，而我终于挺过来了。哦，那是我唯一的一枚金牌。"

说话间，父亲又咳嗽起来，额头上的汗珠滚滚而下。他紧握着吉尼普的手，苦涩地一笑："不要紧，才一点点痛，我能应付过去。"

第二天，父亲就因咳血去世了。那段日子，正碰上全美经济危机，吉尼普和妻子先后失业了，经济拮据。父亲又患上了肺结核，因为没有钱，请不来大夫医治，只好一直拖到死。

父亲死后，家里的境况更加艰难。吉尼普和妻子天天跑出去找工作，晚上回来，总是面对面地摇头，但他们不气馁，互相鼓励说：“不要紧，我们会应付过去的。”

后来，吉尼普和妻子都找到了工作。当他们坐在餐桌旁静静地吃着晚餐的时候，他们总会想到父亲，想到父亲的那句话：“我能应付过去。”

『人生感悟』

当我们感到生活艰苦难耐的时候，要咬牙坚持，学会在困境中对自己说：“一切都会好起来的！我能应付过去！”那么，一切都会过去，一切都会好起来。

调整心态，走出困境

失意，是一面镜子，能照见人的污浊；失意，也是一针清醒剂，是一条鞭子，可以使你在抽打中清醒。

失意，会使你冷静地反思自责，正视自己的缺点和弱项，努力克服不足，以求一搏；失意，会使人细细品味人生，反复咀嚼人生甘苦，培养自身悟性，不断完善自己；失意，不是一束鲜花，而是一丛荆棘，鲜花虽令人怡情，但常使人失去警惕，荆棘虽叫人心悸，却常使人头脑清醒。

美国从事个性分析的专家罗伯特·菲利浦有一次在办公室接待了一个因自己开办的企业倒闭、负债累累、离开妻女的流浪者。那人进门打招呼说：

“我来这儿，是想见见这本书的作者。”说着，他从口袋中拿出一本名为《自信心》的书，那是罗伯特许多年前写的。流浪者继续说：“一定是命运之神在昨天下午把这本书放入我的口袋中的，因为我当时决定跳入密西根湖，了此残生。我已经看破一切，认为一切已经绝望，所有的人已经抛弃了我，但还好，我看到了这本书，使我产生了新的看法，为我带来了勇气及希望，并支持我度过昨天晚上。我已下定决心，只要我能见到这本书的作者，他一定能协助我再度站起来。现在，我来了，我想知道你能替我这样的人做些什么。”

在他说话的时候，罗伯特从头到脚打量流浪者，发现他茫然的眼神、沮丧的皱纹、十来天未刮的胡须以及紧张的神态，这一切都显示，他已经无可救药了。但罗伯特不忍心对他这样说。因此，请他坐下，要他把他的故事完完整整地讲出来。

听完流浪汉的故事，罗伯特想了想，说：“虽然我没有办法帮助你，但如果你愿意的话，我可以介绍你去见本大楼的一个人，他可以帮助你赚回你所损失的钱，并且协助你东山再起。”罗伯特刚说完，流浪汉立刻跳了起来，抓住他的手，说道：“看在上天的分儿上，请带我去见这个人。”

他会为了“上天的分儿上”而做此要求，显示他心中仍然存在着一丝希望。所以，罗伯特拉着他的手，引领他来到从事个性分析的心理试验室里，和他一起站在一块窗帘布前。罗伯特把窗帘布拉开，露出一面高大的镜子，罗伯特指着镜子里的流浪汉说：“就是这个人。在这世界上，只有一个人能够使你东山再起，除非你坐下来，彻底认识这个人——当作你从前并未认识他——否则，你只能跳密西根湖，因为在你对这个人作充分的认识之前，对于你自己或这个世界来说，你都将是一个没有任何价值的废物。”

他朝着镜子走了几步，用手摸摸他长满胡须的脸孔，对着镜子里的人从头到脚打量了几分钟，然后后退几步，低下头，开始哭泣起来。过了一会儿，罗伯特领他走到电梯间，送他离去。

几天后，罗伯特在街上碰到了这个人，他不再是一个流浪汉形象，他西装革履，步伐轻快有力，头抬得高高的，原来那种衰老、不安、紧张的姿态已经消失不见。他说，他感谢罗伯特先生，让他找回了自己，并很快找到了工作。

后来，那个人真的东山再起，成为芝加哥的富翁。

『人生感悟』

面对失意，不能丧志，要重新调整自己的心态和情绪，调整人生的坐标和航线，重新寻找和把握机会，找到自己的位置，发出自己的光芒。

你是第一，因为每个人都是独一无二的

基安勒很小的时候便随母亲从意大利来到了美国，在汽车城底特律度过了悲惨的童年，痛苦和自卑成为他的不良印痕。

他那碌碌无为的父亲告诉他："认命吧，你将一事无成。"这种说法令他沮丧，他老是想着自己苦闷的前程。

有一天，母亲告诉他："世界上没有谁跟你一样，你是独一无二的。"

从此，他燃起了希望之火，他认定他是第一，没人比得上他。自信奠定了他成功的基础。

他第一次去应聘时，这家公司的秘书要他的名片，他递上一张黑桃 A。结果立刻得到面试的机会。经理问他："你是黑桃 A？"

"是的。"他说。

"为什么是黑桃 A？"

"因为 A 代表第一，而我刚好是第一。"

这样，他被录用了。

想知道后来的基安勒吗？他成功了，真的成了世界第一。他一年销售了 1425 辆车，创造了吉尼斯世界纪录。

基安勒每天临睡前都要重复几遍说："我是第一。"然后才入睡。这种鼓舞性的暗示坚定了他的信心和勇气，使他的个性得到了有力的强化。

『人生感悟』

自信是一种鼓舞性的暗示，它能坚定一个人的信心和勇气，并使其个性得到有力的强化。在这个世界上，我们每个人都是独一无二的，所以，我们应该始终告诉自己："我是第一。"

不放弃最后一次希望，往往会出现转机

美国海关没收了一批脚踏车，在公告后决定拍卖。在拍卖会现场，每次叫价的时候，总有一个10岁出头的男孩喊价，他总是以5美元开始出价，然后眼睁睁地看着脚踏车被别人用30美元、40美元买去。拍卖暂停休息时，拍卖员问那小男孩为什么不出较高的价格来买。男孩说，他只有5美元。拍卖会又开始了，那男孩还是给每辆脚踏车相同的价钱，然后被别人用较高的价钱买去。后来聚集的观众开始注意到那个总是首先出价的男孩，他们也开始察觉到会有什么结果。直到最后一刻，拍卖会要结束了。这时，只剩一辆最棒的脚踏车，车身光亮如新，有多种排档、十段杆式变速器、双向手刹车、速度显示器和一套夜间电动灯光装置。

拍卖员问："有谁出价呢？"

这时，站在最前面，几乎已经放弃希望的那个小男孩轻声地说："5美元。"

这时，在场的人全部盯住这个小男孩，没有人出声，没有人举手，也没有人喊价。直到拍卖员唱价3次后，他大声说："这辆脚踏车卖给这个穿短裤白球鞋的小男孩！"

此话一出，全场鼓掌。小男孩拿出握在手中仅有的5美元，买了那辆毫无疑问是世上最漂亮的脚踏车时，他脸上流露出从未有过的灿烂笑容。

『人生感悟』

我们的生命中，除了要有胜过别人、压过别人、超越别人的信心之外，我们更应该抱持着不肯放弃最后一丝希望的决心。这不但可以赢得别人的同情和敬佩，也会赢得成功。

把受到的打击，变成上进的原动力

司退里 16 岁的时候，在一家五金商号里做店员，这正是他所希望的一个职位。他努力工作，努力学习，盼望着做一个成功的五金销售员。

司退里以为自己是上进的，但他的经理却看法不同："我不想用你了，你是做不了生意的，你到塞强铸造厂去做一个工人吧。你那种蛮力，除了做这种工作之外，没有什么别的用途。"

这简直是对一个年轻人的侮辱，司退里受了很大的打击，显然他被打倒了。他的首次冲刺失败了，但是他重整旗鼓，决心要得到胜利。

"你可以辞退我，但是你不能削弱我的志气，"他对那残酷的经理反抗说，"有一天如果我还活着的话，我也要开一家像这样的大的五金店。"

司退里的话并不是一种气愤的发泄。这个青年因第一次的失败而不停地努力，一直到他成为全国最大的五金制品商之一。

后来有人评价说："如果没有受到那次打击，恐怕司退里永远是一个平庸的销售员。在受到打击之前，他一直很有自信心，他以为自己的工作是很好的——这种自满心足以消灭他那种求上进的动力。他在那个粗鲁的经理那里所受到的打击，正是促使他上进的必要原动力。”

『人生感悟』

当一个人受到打击时，尤其是受到别人对自己自信心的打击时，这种打击可能导致其消沉，也可能激励他奋发向上。所以，如果你想战胜自己，最有效的方法是受到一次沉重的打击。

走出自卑的阴影，每个人都会超越自己

他，从一座仅有二十多万人口的北方小城考进了北京的大学。

他一个学期都不敢和同班的女同学说话。

因为上学的第一天，与他邻桌的女同学问他的第一句话就是：“你从哪里来?”而这个问题正是他最忌讳的。因为他认为，出生于小城，就意味着小家子气，没见过世面，肯定会被那些来自大城市的同学瞧不起。

所以，第一个学期结束的时候，班里的很多女同学都不认识他!

很长一段时间，自卑的阴影占据着他的心灵。最明显的体现就是每次照相，他都要下意识地戴上一副大墨镜，以掩饰自己的内心。

她，也在北京的一所大学里上学。她不敢穿裙子，不敢上体育课。她疑心同学们会在暗地里嘲笑她，嫌她肥胖的样子太难看，大部分日子，她都在疑心、自卑中度过。

大学学习快要结束的时候，她差点儿毕不了业，不是因为功课太差，而是因为她不敢参加体育长跑测试！老师说："只要你跑了，不管多慢，都算你及格。"可她就是不跑，她想跟老师解释，她不是在抗拒，而是因为恐慌，恐惧自己肥胖的身体跑起来一定非常愚笨，一定会遭到同学们的嘲笑。可是，她连给老师解释的勇气都没有，茫然不知所措。她只能傻乎乎地跟着老师，老师回家做饭去了，她也跟着。最后老师烦了，勉强算她及格。

后来，在一个电视晚会上，她对他说："要是那时候我们是同学，可能是永远不会说话的两个人。你会认为，人家是北京城里的姑娘，怎么会瞧得起我呢？而我则会想，人家长得那么帅，怎么会瞧得上我呢？"

他，现在是中央电视台著名的节目主持人，经常对着全国几亿电视观众侃侃而谈，他主持节目给人印象最深的特点，就是从容自信。

她，现在也是中央电视台著名的节目主持人，并且是完全依靠才气，而丝毫没有凭借外貌走上中央电视台主持人岗位的。

『人生感悟』

自卑的心理每个人或多或少都会有一些，因为一个人不可能永远都充满自信，关键的问题是，我们如何走出自卑的阴影。唯有相信自己，才是战胜自卑最有效的方法。战胜了自卑，每个人都会超越自己，从平庸变杰出。

不要轻易相信权威，要相信自己

有一名中文系的学生，苦心撰写了一篇小说，请一位著名的作家点评。可是这位作家正患眼疾，于是学生便将作品读给作家听。

读到最后一个字，学生停顿下来。作家问："结束了吗？"听语气似乎意犹未尽，渴望下文。这一问，激起学生无比的激情，他立刻灵感喷发，马上回答说："没有啊，下部分更精彩。"他以自己都难以置信的构思叙述下去。

到达一个段落后，作家又似乎难以割舍地问："结束了吗？"

小说一定勾魂摄魄，叫人欲罢不能！学生更兴奋、更激昂、更富于创作激情。他不可遏止地一而再再而三地接续、接续……最后，电话铃声骤然响起，打断了学生的思绪。

作家突然有急事，匆匆准备出门。

"那么，没读完的小说呢？"学生问。

作家回答："其实你的小说早该收笔，在我第一次询问你是否结束的时候，就应该结束。何必画蛇添足？该停则止，看来，你还没能把握情节脉络，尤其是，缺少决断。"

看来，决断是当作家的根本，否则绵延逶迤，拖泥带水，如何打动读者？学生追悔莫及，自认性格过于受外界左右，作品难以把握，恐怕不是当作家的料。

多年以后，这个年轻人遇到另一位非常有名的作家，羞愧地谈及那段往事。谁知这位作家惊呼："你的反应如此迅捷，思维如此敏锐，编造故事的能力如此强盛，这些正是成为作家的天赋呀！假如能正确运用，你的作品一定能脱颖而出。"

『人生感悟』

大多数人都很相信权威，其实这是个误区，因为权威并不一定是正确的。在很多时候，正是由于轻信权威而束缚了我们的发展。不要轻易相信权威，要相信自己。只有这样，我们才能有所突破，才能走一条属于自己的路。

在顽强的意志面前，死神也会退步

兰顿先生是一个50岁的人，他得了一种难以治愈的癌症。当时，兰顿先生因为病情的影响，体重大幅下降，瘦得有点吓人，癌细胞的扩散使得他无法进食。

布恩医生告诉兰顿先生，自己将会全力为他诊治，帮助他对抗癌症。同时，每天会将治疗进度详细地告诉他，并清楚讲述医疗小组治疗的情形，及他身体对治疗的反应，使他对自己的病情得以充分了解，并希望他可以很好地配合治疗。

其实，就连布恩医生自己也不相信，癌症可以治愈，更何况兰顿先生这个重症病人。他只好把希望寄托于上帝。

可是结果却完全出乎布恩医生的意料。因为兰顿先生对布恩医生的嘱咐完全配合，使得治疗过程进行得十分顺利。布恩医生看到了希望，开始教兰顿先生运用想象力，想象他体内的白细胞大军如何与顽固的癌细胞对抗，并最后战胜癌细胞的情景。

结果两个星期之后，医疗小组果然抑制了癌细胞的破坏性，成功地战胜了癌症。对这个杰出的治疗成果，就连布恩医生也感到十分惊讶。

“祝贺你，兰顿先生。”布恩医生对他的康复表示祝贺。

“谢谢你，布恩医生，谢谢你对我的治疗，包括你对我说的那句话。”

兰顿先生接着说，“刚被确诊的时候，我感觉这个世界已经对我关闭。我只能躺在床上，等待死神的光临。但是我想起了许多事情，我还有爱我的家人和朋友，我的小孙女才会喊爷爷……所以我不能死，我要活着。”

“很高兴你能这么想，只有留恋这个世界，你才能得到无穷的力量。”布恩医生说。

“是的，这个力量真是巨大啊！连死神都可以战胜。我一定会把这个秘诀告诉更多的人。”兰顿先生激动地说。

如此成功的疗效，来源于布恩医生运用的心理疗法。他说：“事实上，你可以运用心灵的力量，来影响你的生或死。甚至，如果你选择活下去，你还可以决定要什么样的生命品质。对于癌症病人来说，克服对癌症的恐惧很难，活着的愿望给了他生活着的希望，那就需要不停地鼓励自己。最后，他成功了。”

『人生感悟』

依靠顽强的意志，我们可以完成很多看起来不可能完成的事。强烈的希望就是一种顽强的意志，在这种顽强意志的作用下，我们不但可以克服许多难以想象的困难，甚至连死神都会退步。

第五章 想改变命运，先改变自己

“穷则变，变则通，通则久”，语出《易经》，说的是事物处于穷尽局面则必须变革，变革后才会通达，通达就能长久。人最大的敌人是自己，自己的思维定式，有时甚至会导致很多发展机会的流失。其实，改变这种思维定式并不需要你做出多大的牺牲，只要从生活习惯和工作习惯的小事入手，一点点改变就可以了。我们正是在改变自己的过程中，学会了成长，懂得了成熟，实现了成功。

如果想改变命运，
最重要的是要改变自己

在一次火灾事故中，消防员从废墟里救出了一对孪生兄弟——波恩和嘉琳，他们是此次火灾中幸存下来的两个人。

兄弟俩很快被送往当地的一家医院，虽然俩人死里逃生，但大火已把他俩烧得面目全非。“多么帅的两个小伙子！”医生为兄弟俩惋惜。

波恩整天对着医生唉声叹气：自己成了这个样子，以后还怎么出去见人，还怎么养活自己？波恩对生活失去了信心，他总是自暴自弃地说：“与其赖活还不如死了算了。”

嘉琳努力地劝波恩：“这次大火只有我们得救了，因此我们的生命显得尤为珍贵，我们的生活最有意义。”

兄弟俩出院后，波恩还是忍受不了别人的讥讽，偷偷地服用了大量安眠药离开了人世。而嘉琳却艰难地生存了下来，无论遇到多大的冷嘲热讽，他都咬紧牙关挺了过来，嘉琳一次次地提醒自己：“我生命的价值比谁都高贵。”

有一天，嘉琳还是像往常一样送一车棉絮去加州。天空下着雨，路很滑，嘉琳将车开得很慢。此时，嘉琳发现不远处的一座桥上站着一个年轻人。

嘉琳紧急刹车，车滑进了路边的一条小沟。嘉琳还没有靠近年轻人，年轻人已经跳下了河。年轻人被他救起后，又连续跳了 3 次，直到嘉琳自己差点儿被大水吞没。

嘉琳救的这个年轻人竟是一位亿万富翁，富翁很感激嘉琳，便和嘉琳一起干起了事业，嘉琳从一个积蓄不足 10 万元的司机，最后成为一个拥有 3.2 亿元资产的运输公司的老板。

几年后医学发达了，嘉琳用挣来的钱修整好了自己的面容。

『人生感悟』

在相同的境遇下，不同的人会有不同的命运。一个人的命运不是由上天决定的，也不是由别人决定的，而是由自己决定的。一个人若想改变自己的命运，最重要的是要改变自己，改变心态，这样，命运也会随之改变。

改变命运，先要改变内心

兔子是世界上最温驯的动物，它只吃青草，谁也不伤害。可是，它却被很多动物伤害：狐狸、狼、老虎……这太不公平了！有一天，兔子向上帝诉苦，它不想再做兔子了，希望上帝改变一下它的命运。

上帝很仁慈，马上答应了兔子的要求："好吧，你想变成什么？"

兔子说："变成一只鸟，在天上自由地飞来飞去，那些狐狸、狼、虎，就再也抓不着我了。"

上帝把兔子变成了鸟。没过几天，鸟又来诉苦："仁慈的上帝呀，我再也不想做鸟了！我在天上飞，天上的老鹰能抓住我；我在树上筑巢，树上的毒蛇能咬死我。这样的日子实在是太难过了！"上帝问鸟："你想怎么样呢？"

鸟说："我想变成大海里的一条鱼，海里没有老鹰，没有毒蛇，我才能安心地过日子。"

上帝又把鸟变成了鱼。可是，鱼的处境似乎更糟，因为大海里到处都有"大鱼吃小鱼，小鱼吃虾米"的斗争。

过了几天，鱼又要求上帝把它变成人。鱼说："人是万物之灵，他们住在坚固的钢筋水泥屋子里，使用着各种先进的武器装备，任什么凶猛的动物也不能伤害他们。相反，那些在山林里威风十足的狮、虎，全被他们关在笼子里，供他们观赏取乐，那些蛇、鹰，都成了他们餐桌上的美味……"

上帝把鱼变成了人，心想，这下你该满意了吧！可是，过了不久，人照样来向上帝诉苦："太可怕了！到处都在流血，到处都是尸体，到处都是废墟……我们再也没法活了！"原来人类发生了战争，数以万计的士兵在互相残杀，无数的平民流离失所，死于饥饿和寒冷。

上帝问人：“你想怎么样呢？”

人说：“我想到另一个世界去，你把我变成上帝吧！”

上帝没有答应人的这个要求，他说：“上帝只有一个，上帝多了也会打架。”

『人生感悟』

想改变自己的命运固然是件好事，但不可只追求形式上的改变，应该先改变自己的内心。只有改变了自己的内心，才能真正地改变自己的命运。

有什么样的看法，往往就会有什么样的命运

有两个乡下人，外出打工。一个去纽约，另一个去华盛顿。可是在候车厅等车时，又都改变了主意，因为邻座的人议论说，纽约人精明，外地人问路都收费；华盛顿人质朴，见了吃不上饭的人，不仅给面包，还送旧衣服。

去纽约的人想，还是华盛顿好，挣不到钱也饿不死，幸亏没上车，不然真掉进了火坑。去华盛顿的人想，还是纽约好，给人带路都能挣钱，还有什么不能挣钱的？幸亏还没上车，不然就失去一次致富的机会。于是他们在退票处相遇了。原来要去纽约的改换成了

去华盛顿的票，原来要去华盛顿的改换成了去纽约的票。去了华盛顿的人发现，华盛顿果然好。他初到华盛顿的一个月，什么都没干，竟然没有饿着，不仅银行大厅里的水可以白喝，而且商场里欢迎品尝的点心也可以白吃。去了纽约的人发现，纽约果然是一个可以发财的城市。干什么都可以赚钱，带路可以赚钱，看厕所可以赚钱，弄盆凉水让人洗脸也可以赚钱。只要想点办法，再花点力气，什么都可以赚钱。

凭着乡下人对泥土的认识和感情，第二天，他在建筑工地装了10包含有沙子和树叶的土，以“花盆土”的名义，向需要泥土而又爱花的纽约人兜售。

当天他在城郊间往返6次，净赚了50美元。一年后，凭“花盆土”他竟然在纽约拥有了一间不小的门面。

在常年的走街串巷中，他又有一个新的发现：一些商店楼面亮丽而招牌较黑。一打听才知道，原来是清洗公司只负责洗楼，不负责洗招牌。他立即抓住这一空当，买了人字梯、水桶和抹布，办起一家小型清洗公司，专门负责擦洗招牌。几年以后，他的公司已有一百多个员工，业务也发展到多个城市。

有一次，他坐火车去华盛顿考察清洗市场。在火车站，一个捡破烂的人把头伸进软卧车厢，向他要一个空啤酒瓶，就在递瓶时，俩人都愣住了，因为5年前，他们曾换过一次票。这个捡破烂的人就是当年改去华盛顿的那个人。

『人生感悟』

在每个人的一生中，都有很多次可以改变自己命运的机会，是往好的方面改变，还是往坏的方面改变，完全依赖于一个人对当时情形的认识。也就是说，有什么样的看法，往往就会有什么样的命运。

用正确的方式审视自己，一切都会改变的

几十年前，在纽约北郊住着一位姑娘叫沙姗，她自怨自艾，认定自己的理想永远实现不了。她的理想也就是每一位妙龄少女的理想：跟一位潇洒的白马王子结婚，白头偕老。沙姗整天梦想着，可周围的姑娘们都先后成家了，她成了大龄女青年，她认为自己的梦想永远不可能实现了。

一个雨天的下午，沙姗在家人的劝说下去找一位著名的心理学家。握手的时候，她那冰凉的手指、凄怨的眼神，如同坟墓中飘出的声音、苍白憔悴的面孔都在向心理学家暗示：我是无望的了，你会有什么办法呢？

心理学家沉思良久，然后说道：“沙姗，我想请你帮我一个忙，我真的很需要你的帮忙，可以吗？”

沙姗将信将疑地点了点头。

“是这样的。我家要在星期二开个晚会，但我妻子一个人忙不过来，你来帮我招呼客人。

“明天一早，你先去买一套新衣服，不过你不要自己挑，你只问店员，按她的主意买，然后去做个发型，同样按理发师的意见办，听好心人的意见是有益的。”

接着，心理学家说：“到我家来的客人很多，但互相认识的人不多，你要帮我去招呼客人，说是代表我欢迎他们，要注意帮助他们，特别是那些显得孤单的人。我需要你帮助我照料每一位客人，你明白了吗？”

沙姗一脸不安，心理学家又鼓励她说：“没关系，其实很简单。比如说，看谁没咖啡就端一杯，要是太闷热了，开开窗户什么的。”沙姗终于同意一试。

星期二这天，沙姗发式得体，衣衫合身，来到了晚会上。按着心理学家的要求，她尽心尽力，只想着帮助别人，她眼神活泼、笑容可掬，完全忘掉了自己的心事，成了晚会上最受欢迎的人。晚会结束后，有 3 个青年都提出了送她回家。

一个星期又一个星期，3 个青年热烈地追求着沙姗，她最终答应了其中一位的求婚。看着幸福的新娘，人们都说心理学家创造了一个奇迹。

『人生感悟』

如果总是顾影自怜、孤芳自赏，其结果就是你走不进别人的心里，别人也走不进你的心里。只要用一种正确的方式审视自己，生活将变得轻松愉快，事业将变得一帆风顺，而且一切都会改变。

习惯都是自己养成的，我们有能力改变它

有一个时期，美国富豪保罗·盖蒂抽烟抽得很凶。

有一天，他度假开车经过法国，那天正好下着大雨，地面特别泥泞，开了好几个钟头的车后，他选择在一个小城里的旅馆过夜。吃过晚饭他回到自己的房间，很快便睡着了。

盖蒂凌晨两点钟醒来，想抽一支烟。打开灯，他自然地伸手去找他睡前放在桌上的那包烟，却发现是空的。他下了床，搜寻衣服口袋，结果毫无所获。

他又搜他的行李，希望从其中一个箱子里能发现他无意中留下的一包烟，结果他又失望了。他知道旅馆的酒吧和餐厅早就关门了，心想，这时候把不耐烦的门房叫过来，太不堪设想了。他唯一能得到香烟的办法是穿上衣服，走到火车站，但它至少在 6 条街之外。

情况看来并不乐观。外面仍下着雨，他的汽车停在离旅馆尚有一段距离的车房里，而且，别人提醒过他，车房午夜关门，第二天早上 6 点才开门，而且能够叫到计程车的机会也似乎是零。

显然，如果他真的要抽一支烟，只有在雨中走到车站。但是要抽烟的欲望不断地袭扰着他，并越来越浓厚。于是他脱下睡衣，开始穿上外衣。当他穿好衣服，伸手去拿雨衣，这时他突然停住了，开始大笑，笑他自己。他突然体会到，他的行动多么不合乎逻辑，甚至荒谬。

盖蒂站在那儿寻思，一个所谓的知识分子，一个所谓的商人，一个自认为有足够理智对别人下命令的人，竟要在三更半夜，离开舒适的旅馆，冒着大雨走过好几条街，仅仅是为了得到一支烟。

盖蒂生平第一次注意到这个问题，他已经养成了一个难以改掉的习惯，他愿意牺牲极大的舒适去满足这个习惯。这个习惯显然没有好处，他突然明确地注意到这一点。头脑很快清醒过来，片刻就作了决定。

他下定了决心后，把那个仍然放在桌上的烟盒揉成一团，丢进废纸篓里。

然后他脱下衣服，再度穿上睡衣回到床上，带着一种解脱，甚至是胜利的感觉，他关上灯，闭上眼，听着打在门窗上的雨点声。几分钟之内，他进入一个深沉、满足的睡眠中。

自从那天晚上过后，他再也没抽过一支烟，也没有抽烟的欲望。

『人生感悟』

一件事一旦形成习惯，它就会控制我们。但是我们每个人也有一股不小的缓冲能力。我们既然有能力养成习惯，当然也有能力改变我们认为不好的习惯。

要想变得富有，
最好的方法是向富人学习

有一个贫穷的人，见一个富人生活得很舒适和惬意，他对富人说：“我愿意在您家里为您工作3年，我不要一分钱，但是您要让我吃饱饭，给我地方住。”

富人觉得这真是少有的好事，立即答应了这个穷人的请求。3年后，穷人离开了富人的家，不知去向。

10年过去了，那个昔日的穷人已经变得非常富有了，而以前那个富人与其相比之下，就显得很寒酸。于是，富人向昔日的穷人请求：愿意出10万元买他富有的经验。

那个昔日的穷人听了，哈哈大笑：“我是用从你那儿学到的经验赚得了大量的财富，而今你又用金钱来买我的经验！”

再来看下面这个故事。

特奥的父母不幸辞世，给他和哥哥卡尔留下了一间小小的杂货店。微薄的资金，简陋的设施，他们靠着出售一些罐头和汽水之类的食品，勉强度日。

兄弟俩不甘心这种穷苦的状况，一直寻找发财的机会。

有一天，卡尔问弟弟：“为什么同样的商店，有的赚钱，有的只能像我们这样惨淡经营呢？”

特奥回答说：“我觉得是我们经营有问题，如果经营得好，小本生意也可以赚钱的。”

“可是，如何才能经营得好呢？”于是，他们决定经常去其他商店看一看。

一天，他们来到一家“消费商店”，这家商店顾客盈门，生意红火，引起了兄弟俩的注意。他们走到商店外面，看到门外有一张醒目的告示，上面写着：

“凡来本店购物的顾客，请保存发票，年底可以凭发票额的3%免费购物。”

他们把这份告示看了又看，终于明白这家商店生意兴隆的原因了。原来顾客就是想要那“3%”的免费商品。

他们回到自己的店里后，立即贴了一个醒目的告示：“本店从即日起，全部商品让利3%，本店保证所售商品为全市最低价，如顾客发现不是全市最低价，本店可以退回差价，并给予奖励。”

就是凭借这种借来的智慧，兄弟俩的商店迅速扩大，成为世界上最大的连锁商店之一。

『人生感悟』

智慧源自学习、观察和思考。变成富人的第一条途径是向富人学习，因为在富人的“言传身教”中，能学到富人致富的经验和智慧。

要想收获果实，就必须先播种

一个穷汉每天都在地里劳作。有一天，他突然想：“与其每天辛苦工作，不如向神灵祈祷，请他赐给我财富，供我今生享受。”

他深为自己的想法得意，于是把弟弟喊来，把家业委托给他，又吩咐他到田里耕作谋生，别让家人饿肚子。一一交代之后，他觉得自己没有后顾之忧了，就独自来到天神庙，为天神摆设大斋，供养香花，不分昼夜地膜拜，毕恭毕敬地祈祷：“神阿！请您赐给我现世的安稳和利益，让我财源滚滚吧！”

天神听见这个穷汉的愿望，内心暗自思忖：“这个懒惰的家伙，自己不工作，却想谋求巨大财富。倘若他在前世曾做布施，累积功德，那么，给他些利益也未尝不可。可是，查看了他的前世，根本没有布施的功德，也没有半点因缘，现在却拼命向我求利。不管他怎样苦苦要求，也是没有用的。但是，若不给他些利益，他一定会怨恨我。不妨用些方便，让他死了这条心吧。”

于是，天神就化作他的弟弟，也来到天神庙，跟他一样祈祷求福。

哥哥看见了，不禁问他：“你来这儿干吗？我吩咐你去播种，你播下了吗？”

弟弟说：“我也跟你一样，来向天神求财求宝，天神一定会让我衣食无忧的。纵使我不努力播种，我想天神也会让麦子在田里自然生长，满足我的愿望。”

哥哥一听弟弟的祈愿，立即骂道：“你这个混账东西，不在田里播种，就想等着收获，实在是异想天开。”

弟弟听见哥哥骂他，却故意问：“你说什么？再说一遍听听。”

“我就再说给你听，不播种，哪能得到果实呢！你不妨仔细想想看，你太傻了！”

这时天神才现出原形，对哥哥说：“诚如你自己所说，不播种就没有果实。”

『人生感悟』

一分耕耘，才能有一分收获。想要收获果实，就要先播种。我们只有脚踏实地地付出努力，才能改变命运，才能过上幸福美满的生活。

克服焦虑

某石油公司的一些运货员偷偷地扣下了给客户的油量而卖给了他人，老板却毫不知情。有一天，一个来自政府的稽查员来找老板，说他掌握了老板的员工贩卖不法石油的证据，要检举他们。但是，如果他们贿赂他，给他一点钱，他就会放他们一马。老板非常不高兴他的行为及态度。一方面老板觉得这是那些盗卖石油的员工的问题，与自己无关；但另一方面，法律又有规定“公司应该为员工的行为负责”。另外，万一案子上了法庭，就会有媒体来炒作，名声传出去会毁了公司的生意。老板焦虑极了，开始生病，三天三夜无法入睡，一直在想：我到底应该怎么做才好呢？给那个人钱呢，还是不理他，随便他怎么做？

老板决定不了，每天担心，于是，他问自己：如果不付钱的话，最坏的后果是什么呢？答案是：他的公司会垮，事业会被毁了，但是他不会被关起来。然后呢？他也许要找个工作，其实也不坏。有些公司可能乐意雇用他，因为他很懂石油。至此，很有意思的是，他的焦虑开始减轻，然后，他可以开始思考了，他也开始想解决的办法：除了上告或给他金钱之外，有没有其他的路？找律师呀，他可能有更好的点子。

第二天，老板就去见了律师。当天晚上他睡了个好觉。隔了几天，律师叫他去见地方检察官，并将整个情况告诉他。意外的事情发生了，当老板讲完后，那个检察官说：我知道这件事，那个自称政府稽查员的人是一名通缉犯。

老板心中的大石落了下来。这次经历使他永难忘怀。此后，每当他开始焦虑担心的时候，他就用此经验来帮助自己跳出焦虑。

『人生感悟』

焦虑是一种没有明确原因的、令人不愉快的紧张状态。适度的焦虑可以提高人的警觉度，充分调动身心潜能。但如果焦虑过度，则会妨碍你去应付、处理面前的危机，甚至妨碍你的日常生活。

第六章 低调处世，做人拒绝张扬

低调是一种智慧，蕴含着成熟与理性，积淀着沉静和豁达，彰显着优雅和洒脱，它是人类个性最高的境界之一；它是看开世事，放平心态，宽容待人，深谙方圆、进退之道的大智慧。

人生原本就是一场充满艰难的修行，与其让自己处在风口浪尖，倒不如放平心态，低调做人。低调是一种豁达的人生态度，成熟的人懂得低调，言语谦和，举止内敛，不显山不露水，却在人际交往中进退自如，并最终成就自己的事业。

你可以不聪慧，
但不能没原则

“二战”期间，有一个女孩子，流亡海外，无依无靠。幸运的是，她能讲一口流利的英语和法语。所以，她被英国特工组织看中，加入了英国的特工组织。

然而她并不适合特工工作，因为她性情急躁，所有的同事都认为，她做间谍无疑是为敌国送上一座秘密的宝藏。果然，几乎所有的训练过程都对她没有用处。

一次，组织让她拿一份敌国驻军图送给地下交通员。她到了接头地点后，却怎么也想不起接头暗号，情急之下，她索性把地图展开，对着来来往往的人群进行试探：“你对这张地图感兴趣吗？”幸运的是，她很快遇上了两位地下交通员，他们扮作精神病人，迅速地掩盖了这个可怕而致命的错误。

不仅如此，她认为越是繁华的地段越是安全。于是，她自作主张，把秘密电台搬到了巴黎的闹市区，可她不知道，盖世太保的总部就在离她一街之远的地方。终于在一天夜里，盖世太保们把这个胆大妄为、正在发报的间谍逮捕了。

英国特工组织后悔不已，如果这个天真的姑娘在盖世太保的刑具下，毫无保留地说出一切，那么对在法国的特工组织将是一个重创。出乎意料的是，盖世太保们用尽了种种残酷的刑罚，都无法撬开她的嘴。

“二战”结束后，英国政府追授她乔治勋章和帝国勋章。这样一个不称职的间谍，却获得了英国政府的最高奖赏。对此，官方的解释是：对敌国而言，梦寐以求的是间谍的背叛，这等于无形的巨大宝藏。但这个很笨的女孩儿，到死都没有吐露一个字。一个人需要技巧和智慧，但最不能缺少的，是原则和信念。这就是一个间谍最本位、最出色的地方，所以我们从没怀疑她是一个优秀的间谍。

她的名字叫努尔，曾是一位印度王族的娇贵女儿。

『人生感悟』

原则是一个人做人的底线，无论遇到何种刁难与困境，有些原则必须坚守。

因为，你一旦放弃原则，就不再是你，甚至会使自己全线崩溃。

给别人留一点面子，为自己留一条退路

三国名将关羽，过五关、斩六将，温酒斩华雄，匹马斩颜良，偏师擒于禁，擂鼓三通斩蔡阳。“百万军中取上将之首级，如探囊取物耳。”

然而，这位叱咤风云、威震三军的一世之雄，下场却很悲惨，居然被吕蒙一个奇袭，兵败地失，被人割了脑袋。

关羽兵败被斩的最根本原因是蜀吴联盟破裂，吴主兴兵奇袭荆州。吴蜀联盟的破裂，原因很复杂，但与关羽其人的骄傲有着密切的关系。

诸葛亮离开荆州之前，曾反复叮嘱关羽，要东联孙吴，北拒曹操。但关羽对这一战略方针的重要性认识不足。他瞧不起东吴，也瞧不起孙权，致使吴蜀关系紧张起来。关羽驻守荆州期间，孙权派诸葛瑾到他那里，替孙权的儿子向关羽的女儿求婚，“求结两家之好”“并力破曹”。这本来是件好事，以婚姻关系维系补充政治联盟，历史上多有先例。如果放下高傲的架子，认真考虑一番，利用这一良机，进一步巩固蜀吴的联盟，将是很有益处的。但是，关羽竟然狂傲地说：“吾虎女安肯嫁犬子乎？”

不嫁就不嫁嘛，又何必如此出口伤人？试想这话传到孙权那里，孙权的面子如何挂得住？又怎能不使双方关系破裂？

关羽的骄傲，使自己吃了一个大大的苦果，被自己的盟友结束

了生命。

我们在哀叹关羽的同时，应该深刻反思自己，要保持头脑清醒，防止忘乎所以，莫让关羽的悲剧在我们身上重演。

『人生感悟』

俗话说：蚊虫遭扇打，只为嘴伤人。以尖酸刻薄之言讽刺别人，只图嘴巴一时痛快，殊不知会引来意想不到的灾祸。人与人之间原本没有那么多的矛盾纠葛，往往只是因为有人逞一时之快，说话不加考虑，只言片语伤害了别人的自尊，让人下不来台，别人心中怎能不燃起一股怒火？有了机会，反咬一口，也是情理之中的事。

人生总有不如意，落井下石要不得

“患难之交才是真朋友”，这话大家都不陌生。晋代有一个人叫荀巨伯，有一次去探望朋友，正逢朋友卧病在床，这时恰好敌军攻破城池，烧杀掳掠，百姓纷纷携妻挈子，四散逃难。朋友劝荀巨伯：“我病得很重，走不动，活不了几天了，你自己赶快逃命去吧！”

荀巨伯却不肯走，他说：“你把我看成什么人了！我远道而来，就是为了看你。现在，敌军进城，你又病着，我怎么能扔下你不管呢！”说完便转身给朋友熬药去了。

朋友百般苦求，叫他快走，荀巨伯却端药倒水安慰他说：“你就安心养病吧，不要管我，天塌下来我替你顶着！”

这时“砰”的一声，门被踢开了，几个凶神恶煞的士兵冲进来，冲着他喝道：“你是什么人？如此大胆，全城人都跑光了，你为什么不跑？”荀巨伯指着躺在床上的朋友说：“我的朋友病得很重，我不能丢下他独自逃命。”并正气凛然地说，“请你们别惊吓着我的朋友，有事找我好了。即使要我替朋友而死，我也绝不皱眉头！”敌军一听愣了，听着荀巨伯的慷慨言语，看看荀巨伯的无畏态度，很是感动，说：“想不到这里的人如此高尚，我们怎么好意思侵害他们呢。走吧！”说着，敌军撤走了。患难时体现出的正义能产生如此巨大的威力，不能不令人惊叹。

人的一生不可能一帆风顺，难免会失利受挫或面临困境，这时候最需要的就是别人的帮助，这种雪中送炭般的帮助会让人记忆一生。

德皇威廉一世在“第一次世界大战”结束时，可算得上是全世界最可怜的一个人，众叛亲离。他只好逃到荷兰，许多人对他恨之入骨。可是在这时候，有个小男孩写了一封简短但真情流露的信，表达他对德皇的敬仰。这个小男孩在信中说，不管别人怎么想，他还是永远尊敬德皇。德皇深深为这封信所感动，于是邀请他到皇宫来。这个小男孩接受了邀请，由他母亲带着一同前往，他的母亲后来嫁给了德皇。

『人生感悟』

乘人之危、落井下石必定是内心卑鄙、阴险之人才会做的事，君子不因他人得意而谄媚，也不因他人失意而轻慢。

弯曲是生存的哲学，
大丈夫要能屈能伸

孟买佛学院是印度最著名的佛学院之一，这所佛学院的特点是建院历史悠久，拥有灿烂辉煌的建筑，还培养出了许多著名的学者。还有一个特点是其他佛学院所没有的，这是一个极其微小的细节。但是，所有进入过这里的人，当他再出来的时候，几乎无一例外地承认，正是这个细节使他们顿悟，正是这个细节让他们受益无穷。

这是一个很简单的细节，只是人们都没有在意：孟买佛学院在它的正门一侧，又开了一个小门，这个小门只有 1.5 米高、0.4 米宽，一个成年人要想过去必须弯腰侧身，不然就只能碰壁了。

这正是孟买佛学院给它的学生上的第一堂课。所有新来的人，教师都会引导他们到这个小门旁，让他们进出一次。很显然，所有的人都是弯腰侧身进出的，尽管有失礼仪和风度，却达到了目的。教师说，大门当然出入方便，而且能够让一个人很体面、很有风度地出入。但是，很多时候，人们要出入的地方，并不是都有着壮观的大门，或者，有大门也不是随便可以出入的。这个时候，只有学会了弯腰和侧身的人，只有暂时放下尊贵和虚荣的人，才能够出入。否则，很多时候，你就只能被挡在院墙之外了。

孟买佛学院的教师告诉他们的学生，佛家的哲学就在这个小门

里。其实，人生的哲学何尝不在这个小门里。人生之路，尤其是通向成功的路上，几乎是没有宽阔的大门的，所有的门都需要弯腰侧身才可以进去。

『人生感悟』

太刚易折，这是千古不变的真理。大丈夫在世必须要能屈能伸，一个不成熟的男人想为他所从事的事业光荣献身；一个成熟的男人则希望能为他所从事的职业“苟且”地活着。

小聪明可得一时之快，大智慧方可一世欢畅

战国时楚王的宠臣安陵君能说会道，很受楚王器重。但他并不遇事张口就说，而是很讲究说话的时机。他有一个朋友名叫江乙，对他说：“您没有一寸土地，又没有至亲骨肉，然而身居高位，享受优厚的俸禄，国人见了您，无不整衣跪拜，无不接受您的号令，为您效劳，这是为什么呢？”

安陵君说：“这是大王太抬举我了，不然哪能这样！”

江乙便不无忧虑地指出：“用钱财相交的人，钱财一旦用尽，交情也就断了；靠美色相交的人，色衰则情移。因此，狐媚的女子不等卧席磨破，就遭遗弃；得宠的臣子不等车子坐坏，已被驱逐。如今您掌握楚国大权，却没有办法和大王深交，我暗自替您着急，

觉得您的处境太危险了。”

安陵君一听，恍然大悟，毕恭毕敬地拜问江乙：“既然这样，请先生指点迷津。”

江乙说：“希望您一定要找个机会对大王说：‘愿随大王一起死，以身为大王殉葬。’如果您这样说了，必能长久地保住权位。”

安陵君说：“谨依先生之言。”

但是，过了很长时间，安陵君依然没有对楚王提起这话。江乙又去见安陵君，说：“我对您说的那些话，您为何至今不对楚王说？既然您不用我的计谋，我就不再管了。”

安陵君答道：“我怎敢忘却先生的教诲，只是一时还没有合适的机会。”

过了些时日，机会终于来了。楚王到云梦打猎，一箭射死了一头狂怒奔来的野牛。百官和护卫欢声雷动，齐声称赞。楚王也高兴得仰天大笑，说：“痛快啊！今天的游猎，寡人何等快活！待寡人万岁千秋之后，你们谁能和我共有今天的快乐呢？”

此时，安陵君抓住机会，泪流满面地走上前来，说：“臣进宫就与大王同坐一席，出宫与大王同乘一车，如果大王万岁千秋之后，我愿随大王奔赴黄泉，变作芦草为大王阻挡蝼蚁，那便是臣最大的荣幸。”

楚王闻言，大受感动，对他更加宠信了。

『人生感悟』

做人要有高瞻远瞩的眼光，不要因为眼前的一时之宠就得意忘形，也不要为了时下的一点失利就一蹶不振。小聪明是翻不起大浪花的，大智慧才可保你一世成功。

不要为了讨好别人而改变自己

20世纪80年代，有位名叫安德森的模特公司的经纪人，看中了一个身穿廉价服装、不拘小节、不施脂粉的大一女生。

这位女生来自美国伊利诺伊州一个蓝领家庭，唇边长了一颗触目惊心的大黑痣。她从没看过时装杂志，没化过妆，要与她谈论时尚等话题，好比是对牛弹琴。

每年夏天，她就跟随朋友一起，在德卡柏的玉米地里剥玉米穗，以赚取来年的学费。安德森偏偏要将这位还带着田野玉米气息的女生介绍给经纪公司，结果遭到一次次的拒绝。有的说她粗野，有的说她恶煞，理由纷纭杂沓，归根结底是那颗唇边的大黑痣。安德森却下了决心，要把女生及黑痣捆绑着推销出去。他给女生做了一张合成照片，小心翼翼地把大黑痣隐藏在阴影里，然后拿着这张照片给客户看，客户果然满意，马上要见真人。真人一来，客户就发现“货不对版”，当即指着女生的黑痣说：“你给我把这颗痣拿下来。”

激光除痣其实很简单，无痛且省时，女生却说：“对不起，我就是不拿。”安德森有种奇怪的预感，他坚定不移地对女生说：“你千万不要摘下这颗痣，将来你出名了，全世界就靠着这颗痣来识别你。”

果然这个女生几年后红极一时，日入两万美元，成为天后级人物，她就是名模辛迪·克劳馥。她的长相被誉为“超凡入圣”，她的嘴唇被称作芳唇，芳唇边赫然入目的是那颗今天被视为性感象征的桀骜不驯的大黑痣。正如安德森所说，痣，成了她的标志。人们将她与玛丽莲·梦露相提并论。痣，不再是她的瑕疵；痣，正是辛迪的个性所在。她成为少男少女心中的偶像，她是少女们描绘未来的楷模。

有一天，媒体竟然盛赞辛迪有前瞻性眼光。辛迪回顾从前，一次次倒抽凉气，成名路上多么艰辛，幸好遇上“保痣人士”安德森。如果她摘了那颗痣，就是一个通俗的美人，顶多拍几次廉价的广告，就会淹没在繁花似锦的美女阵营里面。暑期到来，可能还要站在玉米地里继续剥玉米穗，与虫子、蜗牛为伍，以赚取来年的学费。

『人生感悟』

一个人，即使驾着的是一叶脆弱的小舟，但只要舵掌握在他的手中，他就不会任凭波涛的摆布，而有自己选择方向的主见。

做事可以失败，做人一定要成功

有一位出名的老锁匠一生修锁无数，技艺高超，收费合理，深受人们敬重。更主要的是老锁匠为人正直，每修一把锁他都告诉别人他的姓名和地址，说：“如果你家发生了盗窃，只要是用钥匙打开家门的，你就来找我！”

老锁匠老了，为了不让他的技艺失传，人们帮他物色徒弟。终于，老锁匠找到了两个合适的年轻人，准备把自己一身的本领传给其中一个。

一段时间以后，两个年轻人都学会了不少东西。但两个人中只有一个能得到真传，老锁匠决定对他们进行一次考试。

老锁匠准备了两个保险柜，分别放在两个房间，让两个徒弟去打开，谁花的时间短谁就是胜者。结果大徒弟用了不到10分钟就打开了保险柜，而二徒弟却足足用了半小时，大家都以为是大徒弟赢了。老锁匠问大徒弟：“保险柜里有什么？”大徒弟眼中放出了亮光：“师傅，里面有很多钱，全是百元大钞。”老锁匠问二徒弟同样的问题，二徒弟支吾了半天说：“师傅，我没看见里面有什么，您只让我打开锁，我就打开了锁。”

老锁匠十分高兴，郑重宣布二徒弟为他的正式接班人。大徒弟不服，众人不解，老锁匠微微一笑说：“不管干哪一个行业都要讲究一个‘信’字，尤其是我们这一行，要有更高的职业道德。我的传人会是一个技艺高超的锁匠，但他必须做到心中只有锁而无其他。否则，心有私念，稍有贪心，登门入室或打开保险柜取钱易如反掌，最终只能害人害己。我们修锁的人，每个人心上都要有一把不能打开的锁。”

『人生感悟』

做人做事永远本着“不在其位，不谋其政”的原则，这就要求我们永远只做自己该做的。

遇事多思考，切莫被眼前的景象打乱阵脚

曾国藩带湘军围剿太平天国时，清廷对其是一种极为复杂的态度：不用这个人吧，太平天国声势浩大，无人能敌；用吧，一则是此人手握重兵，二则曾国藩的湘军是曾一手建立的子弟兵，怕对朝廷形成威胁。在这种思想下，对曾国藩的任用经常是用你办事，不给高位实权。苦恼的曾国藩急需朝中重臣为自己撑腰说话，以消除清廷的疑虑。一日，曾国藩在军中得到胡林翼转来的肃顺的密函，得知这位精明干练的顾命大臣在西太后面前荐自己出任两江总督。曾国藩大喜过望，咸丰帝刚去世，太子年幼，顾命大臣虽说有数人之多，但实际上是肃顺独揽权柄，有他为自己说话，再好不过了。

曾国藩提笔想给肃顺写封信表示感谢。但写了几句，他就停下了。他知道肃顺为人刚愎自用，很有些目空一切的味道，用今天的话来说，就是有才气也有脾气。他又想起西太后，这个女人现在虽没有什么动静，但绝非常人，以曾国藩多年的阅人经验来看，西太后心志极高，且权力欲强，又极富心机。肃顺这种专权的做法能持续多久呢？西太后会同肃顺合得来吗？

思前想后，曾国藩没有写这封信。后来，肃顺被西太后抄家问斩。在众多官员讨好肃顺的信件中，独无曾国藩的只言片语。

『人生感悟』

关键时刻要多思考，以免日后为自己添麻烦。

帮助他人，也要讲究方法策略

有一家卖布丁的商店，每年到圣诞节的时候就将许多美味布丁摆放成一排。你可以选择最适合你口味的布丁，他们甚至还允许你先品尝，再做决定。

海特常常想，会不会有些根本不打算买布丁的人利用这个优惠的机会白吃呢？有一天，他向女店员提出了这个疑问，得知的确有这样的事情。

“有这样一位老先生，”她说，“他几乎每星期都来这儿尝一尝每一种布丁，尽管他从来不买什么，而且，我怀疑他永远也不会买。我从去年，甚至前年就记住他了。唉，如果他想来就让他来吧，我们也欢迎。而且，我希望有更多商店可让他去品尝布丁。他看上去好像确实需要这样，我想大家都不会在乎的。”

就在她正跟海特说着话的时候，一位上了年纪的先生一瘸一拐地来到柜台前，开始兴致勃勃地仔细打量起那一排布丁。

“哎，那就是我刚刚跟你说的那位先生，”女店员轻轻地对海特说，“现在你就看着他好了。”说完，又转身对老先生说：“您想尝尝这些布丁吗，先生？您就用这把调羹好了！”

这位老先生衣着破旧，但很整洁。他接过调羹，开始急切地一个接一个地品尝布丁，只是偶尔停下来，用一块大大的手绢擦擦他发红的眼睛。

海特看到他的手绢已经完全破了。

“这种不错。”

“这种也很好，但稍稍油腻了一点。”

海特想：看起来，他真诚地相信自己最终会买下一个布丁。他一点也不觉得自己是在欺骗商店。可怜的老头！也许他过去有钱来挑选自己最爱吃的布丁，如今他已家境破落，所能做到的也只是这样品尝品尝了。

海特突然动了同情心，他走到老人跟前说：

“对不起，先生，能赏个脸吗？让我为您买一只布丁吧。这会让我深感欣慰的。”

听完海特的话，老先生好像被刺了一下似的往后一跳，热血冲上他那布满皱纹的脸。

“对不起，”他说，他的神态比海特根据其外表想象出的要高傲得多，“我想我跟您并不相识。您肯定是认错人了。”

说完，老先生转身对女店员大声说道：“劳驾，把这只布丁替我包好，我要带走。”他指了指最大的也最贵的一只布丁。

女店员从架子上取下布丁，开始打包。这时，他掏出一只破旧的黑色小皮夹子，开始数起他那些零散而少得可怜的钱来，然后将它们放到柜台上。

『人生感悟』

不尊重别人的自尊心，就好像一颗经不住阳光的宝石。一个真正会助人的人，在帮助他人时绝不会表现得像一个高高在上的施予者。

友谊要经得起磨难

春秋时鲍叔牙和管仲是好朋友，两人相知很深。

他们曾经合伙做生意，一样地出资出力，分利的时候，管仲总要多拿一些。别人都为鲍叔牙鸣不平，鲍叔牙却说，管仲不是贪财，只是他家里穷。

管仲几次帮鲍叔牙办事都没办好，三次做官都被撤职，别人都说管仲没有才干，鲍叔牙又出来替管仲说话："这绝不是管仲没有才干，只是他没有碰上施展才能的机会而已。"

更有甚者，管仲曾三次被拉去当兵参加战争而三次逃跑，人们讥笑地说他贪生怕死。鲍叔牙再次直言：管仲不是贪生怕死之辈，只是他家里有老母亲需要奉养！

后来，鲍叔牙当了齐国公子小白的谋士，管仲却为齐国另一个公子纠效力。两位公子在回国继承王位的争夺战中，管仲曾驱车拦截小白，引弓射箭，正中小白的腰带，小白弯腰装死，骗过管仲，日夜驱车抢先赶回国内，继承了王位，称为齐桓公。公子纠失败被杀，管仲也成了阶下囚。

齐桓公登位后，要拜鲍叔牙为相，并欲杀管仲报一箭之仇。鲍叔牙坚辞相国之位，并指出管仲之才远胜于己，力劝齐桓公不计前嫌，用管仲为相。齐桓公于是重用管仲，果然如鲍叔牙所言，管仲的才华逐渐施展出来，终使齐桓公成为春秋五霸之一。

『人生感悟』

千百年来，“管鲍之交”一直被誉为交友的最高境界，所谓春秋霸业早已是过眼云烟，但鲍叔牙宽阔无私的胸怀、对朋友的了解信任却永久地被人称道。

友情，本身是至善的约束，历经劫难而益显圣洁。总之，经得起磨难的友谊才是真正的友谊。

自我管理，人生成功的催化剂

要想管理好工作、命运，首先要管理好自己。杰出者、成功者必定是卓有成效的自我管理者。

一个人是否拥有自我管理能力是非常重要的。印度雷缪尔集团总经理、哈佛商学院的MBA，伦敦商学院、欧洲INSEAD商学院、瑞士国际管理发展学院、中国中欧国际工商学院等多所商学院的访问教授帕瑞克博士曾经说过：“除非你能管理自我，否则你不能管理任何人或任何东西。”

自我管理是一门科学，也是一门艺术，是对自己人生和实践的一种自我调节，也是人生成功的催化剂。

2005年，香港富豪李嘉诚在谈到自己的成功时，曾着重强调了自我管理的重要性：

“掐指一算，我的公司已成立55年，由1950年几个人的小公司发展到今天在全球52个国家拥有超过20万员工的企业……

“人生不同的阶段中，要经常反思自问：我有什么心愿？我有宏伟的梦想，但我懂不懂什么是有节制的热情？我有与命运拼搏的决心，但我有没有面对恐惧的勇气？我有信心、有机会，但有没有智慧？我自信能力过人，但有没有面对顺境、逆境都可以恰如其分行事的心力？

“14岁，当我还是个穷小子的时候，我对自己的管理很简单：我必须赚取足够一家人存活的费用。我知道没有知识就改变不了命运，没有本钱更不能好高骛远，我还经常会记起祖母的感叹：‘阿诚，我们什么时候能像潮州城中某某人那么富有？’

“我可不想像希腊神话中的伊卡罗斯一样，凭借蜡做的翅膀翱翔，最终悲惨地坠下。于是我一方面紧守角色，虽然当时只是小工，但我坚持把每件交托给我的事做得妥当、出色；一方面绝不浪费时间，把剩下来的每一分钱都用来购买实用的旧书籍。

“22岁成立公司以后，我知道光凭耐忍、任劳任怨已经不够，成功也许没有既定的方程式，失败的因子却显而易见，建立减低失败概率的架构，才是走向成功的快捷方式……”

就这样，他一步步迈入了人生辉煌的殿堂。

『人生感悟』

实现自我管理，我们可以逐步走向自我完善，最大限度地激发自身潜能，实现人生的最大价值。

合作才能生存

我们生活在一个充满竞争的时代，生存似乎变得越来越艰难，然而正是因为如此，我们才更需要与别人合作。最能有效地运用合作法则的人生存得最久，而且这个法则适用于任何动物。

一位生前经常行善的基督徒见到了上帝，他问上帝天堂和地狱有何区别。于是上帝就让天使带他到天堂和地狱去参观。

到了天堂，他面前出现一张很大的餐桌，桌上摆满了丰盛的佳肴。

围着桌子吃饭的人都拿着一把十几尺长的勺子。

不过令人不解的是，这些可爱的人们都在相互喂对面的人吃饭。可以看得出，每个人都吃得很愉快。天堂就是这个样子呀！他心中非常失望。

接着，天使又带他来到地狱参观。出现在他面前的是同样的一桌佳肴，他心中纳闷：天堂怎么和地狱一样呀！天使看出了他的疑惑，就对他说："不用急，你继续看下去。"

过了一会儿，用餐的时间到了，只见一群骨瘦如柴的人来到桌前入座。

每个人的手上也都拿着一把十几尺长的勺子。

可是由于勺子实在是太长了，每个人都无法把勺子内的饭送到自己口中，这些人都饿得大喊大叫。

『人生感悟』

一个人的才能和力量总是有限的，唯有合作，才能最省时省力、最高效地完成一项复杂的工作。没有别人的协助与合作，任何人都无法取得持久性的成功。

不论你做什么，
都要保持一颗高贵的心

他是个上了年纪的补鞋匠，铺子开在巴黎古老的玛黑区。布克夫人拿鞋子去请他修补，他先是对她说：“我没空。拿去给大街上的那个家伙吧，他会立刻替你修好。”

可是，布克夫人早就看中他的铺子了。只看他工作台上放满了的皮块和工具，她就知道他是个巧手的工艺匠。“不成，”她回答说，“那个家伙一定会把我的鞋子弄坏。”

“那个家伙”其实是那种替人即时钉鞋跟和配钥匙的人，他们根本不大懂得修补鞋子或配钥匙。他们工作马虎，替你缝一回鞋的带子后，你倒不如把鞋子干脆丢掉。

那鞋匠见布克夫人坚持不让，于是笑了起来。他把双手在蓝布

围裙上擦了一擦，看了看她的鞋子，然后叫她用粉笔在一只鞋的鞋底上写下自己的名字，说："一个星期后来取。"

布克夫人转身将要离去时，他从架子上拿下一只极好的软皮靴子，很得意地说："看到了我的本领吗？连我在内，整个巴黎只有3个人能有这种手艺。"

布克夫人出了店门，走上大街，觉得好像走进了一个簇新的世界。那个老工艺匠仿佛是中古传说中的人物——他说话不拘礼节，戴着一顶形状古怪、满是灰尘的毡帽，奇特的口音不知来自何处，而最特别的，是他对自己的技艺深感自豪。

布克夫人想：在现代社会里，人们只讲求实利，只要有利可图，随便怎样做都可以。人们视工作为应付不断增加的消费的手段，而非发挥本身能力之道。在这样的时代里，看到一个补鞋匠对自己一件做得很好的工作感到自豪，并从中得到极大的满足，实在是难得遇到的快事。

『人生感悟』

一个认真而又诚实的人，不论做什么，只要他尽心尽力，忠于职守，除了保持自尊之外别无他求，那么，他就是值得世人尊敬的。

第七章 拒绝平庸，做最好的自己

珍爱自己，让个性伴随你，自信地站在自己的位置上，给苍白的四周以绮丽，给庸俗的日子以诗意，给沉闷的空气以清新。每日拭亮一个太阳，用大自然的琴弦，奏响自己喜爱的心曲，大声宣告：我就是一道风景。

人生之路上，自己既是同行者，又是挑战者。失去了自己这个对手，也许将失去一切。挑战我，战胜我，超越我吧！

产生畏难情绪时，要强迫自己坚持下去

有一个叫戴维的年轻人很喜欢写作，朋友们都认为他很有才能，但不知道他为什么不能靠写作维持自己的生活。

年轻人认为，他必须先有了灵感才能开始写作，作家只有感到精力充沛、创造力旺盛时才能写出好的作品。为了写出优秀的作品，他觉得自己必须等到情绪来了之后，才能坐在电脑前开始写作。如果他某天感到情绪不高，那就意味着他那天不能写作。

不言而喻，要具备这些理想的条件并不是有很多机会的，因此，他也就很难感到有多少好情绪使他得以成就任何事情，也很难感到有创作的欲望和灵感。这便使他的情绪更为不振，更难有好情绪出现，因此也越发地写不出东西来。

通常，每当他想要写作的时候，他的脑子就变得一片空白。这种情况使他感到害怕。所以，为了避免瞪着空白纸页发呆，他就干

脆离开电脑。他去收拾一下花园，把写作忘掉，心里马上就好受些。他也用其他办法来摆脱这种心境，比如去打扫卫生间，或去刮胡子。

但是，对他来说，在盥洗间刮胡子或在花园里种花，都无助于在白纸上写出文章来。

后来，他借鉴了某著名作家的一条经验。这条经验是："对于'情绪'这种东西可不能心软。从一定意义上来说，写作本身也可以产生情绪。有时，我感到疲惫不堪、精神全无，连5分钟也坚持不住了；但我仍然强迫自己坚持写下去，而且不知不觉地在写作的过程中，情况完全变了样。"

他认识到，要完成一项工作，必须待在能够实现目标的地方。要想写作，就非在电脑前坐下来不可。

经过冷静的思考，他决定马上开始行动起来。他制订了一个计划：起床的闹钟定在每天早晨7点钟，到了8点钟便可以坐在电脑前。他的任务就是坐在那里，一直坐到他在纸上写出东西。如果写不出来，哪怕坐一整天，也在所不惜。他还定了一个奖惩办法：早晨打完一页纸才能吃早饭。

第一天，他忧心忡忡，直到下午2点钟他才打完一页纸。第二天，戴维有了很大进步。坐在电脑前不到2小时，他就打完了一页纸，较早地吃上了早饭。第三天，他很快就打完了一页纸，接着又连续打了五页纸，才想起吃早饭的事情。

最后，他的作品终于完成了。后来，他成了一位小有名气的作家。

『人生感悟』

有很多事情的确需要好的情绪才能做好，但有这种好情绪的时候往往并不多。不要等待好情绪的出现，因为越等待拖延的时间就越长。最好的办法是：强迫自己坚持做下去。

接受不幸不如接受挑战，相信命运不如相信自己

威尔逊先生是一位成功的商业家，他从一个普普通通的事务所小职员做起，经过多年的奋斗，终于拥有了自己的公司、办公楼，并且受到了人们的尊敬。

这一天，威尔逊先生从他的办公楼走出来，刚走到街上，就听见身后传来“嗒嗒嗒”的声音，那是盲人用竹竿敲打地面发出的声响。威尔逊先生愣了一下，缓缓地转过身。

那盲人感觉到前面有人，连忙打起精神，上前说道：“尊敬的先生，您一定发现我是一个可怜的盲人，能不能占用您一点点时间呢？”

威尔逊先生说：“我要去会见一个重要的客户，你要说什么就快说吧。”

盲人在一个包里摸索了半天，掏出一个打火机，放到威尔逊先生手里，说：“先生，这个打火机只卖1美元，这可是最好的打火机啊。”

威尔逊先生听了，叹口气，把手伸进西服口袋，掏出一张钞票递给盲人：“我不抽烟，但我愿意帮助你。这个打火机，也许我可以送给开电梯的小伙子。”

盲人摸了一下那张钞票，竟然是一百美元！他用颤抖的手反复抚摸这张钱，嘴里连连感激着：“您是我遇见过的最慷慨的先生！仁慈的富人啊，我为您祈祷！上帝保佑您！”

威尔逊先生笑了笑，正准备走，盲人拉住他，又喋喋不休地说：“您不知道，我并不是一生下来就是瞎的。都是23年前布尔顿的那次事故！太可怕了！”

威尔逊先生一震，问道：“你是在那次化工厂爆炸中失明的吗？”

盲人仿佛遇见了知音，兴奋得连连点头：“是啊是啊，您也知道？这也难怪，那次爆炸光炸死的人就有93个，伤的人有好几百，可是头条新闻啊！”

盲人想用自己的遭遇打动对方，争取得到一些钱，他可怜巴巴地继续说道：“我真可怜啊！到处流浪，孤苦伶仃，吃了上顿没下顿，死了都没有人知道！”

他越说越激动：“你不知道当时的情况，火一下子冒了出来！仿佛是从地狱中冒出来的！逃命的人群都挤在一起，我好不容易冲到门口，可一个大个子在我身后大喊：‘让我先出去！我还年轻，我不想死！’他把我推倒了，踩着我的身体跑了出去！我失去了知觉，等我醒来，就成了盲人，命运真不公平啊！”

威尔逊先生冷冷地说道：“事实恐怕不是这样吧？”

盲人一惊，用空洞的眼睛呆呆地对着威尔逊先生。

威尔逊先生一字一顿地说："我当时也在布尔顿化工厂当工人，是你从我的身上踏过去的！你长得比我高大，你说的那句话，我永远都忘不了！"

盲人站了好长时间，突然一把抓住威尔逊先生，爆发出一阵大笑："这就是命运啊！不公平的命运！你在里面，现在出人头地了，我跑了出去，却成了一个没有用的盲人！"

威尔逊先生用力推开盲人的手，举起了手中那根精致的棕榈手杖，平静地说："你知道吗？我也是一个盲人。你相信命运，可是我不信。"

『人生感悟』

很多事实都证明，接受不幸、屈服于命运的人，最终会成为命运的奴隶；纵然遭遇不幸，却能积极地挑战不幸、不屈服于命运的人，一定能战胜不幸，获得成功。

没有思想和主见，一切学识和经验都毫无价值

一家大公司需要招聘办公室副主任，在省城的好几家报纸上登出了"高薪诚聘"内容的广告。月薪4000元的确具有不小的诱惑力，一时间应者云集，有近百人报名参加初试，其中不乏硕士生和

有工作经验者。

初试之后，又经过了三轮面试，最后确定由三人参加最后一轮面试。他们是：一个硕士毕业生、一个应届本科毕业生和一个有着5年相关工作经验的年轻人。

最后的面试由总经理亲自把关：跟三位应聘者逐个进行交谈。

面试的房间是临时腾出来的，设在人事部的一间小办公室里。谈话要开始了，才发现室内恰好少了一把供应聘者坐下来跟总经理交谈的椅子。办事人员正要到隔壁办公室去借一把椅子，总经理挥手制止了他："别去了，就这样吧！"

第一位进来的是那位硕士生。总经理对他说的第一句话是："你好，请坐。"他看着自己周围，发现并没有椅子，充满笑意的脸上立即现出了些许茫然和尴尬。

"请坐下来谈。"总经理又微笑着对他说。他脸上的尴尬显得更浓了，有些不知所措，略做思索，他谦卑地笑着说："没关系，我就站着吧！"

接下来就轮到年轻人，他环顾左右，发现并没有可供自己坐的椅子，也是一脸谦卑地笑着说："不用了，不用了，我就站着吧！"

总经理微笑着说："还是坐下来谈吧！"

年轻人很茫然，回头看了看身后，"可是……"

总经理似乎恍然大悟，说："啊，请原谅我们工作上的疏忽。那好，你就委屈一下，我们站着谈吧！不过，很快就完的。"

几分钟后，那个应届毕业生进来了。总经理的第一句话仍然是："你好，请坐。"

大学生看看周围没有椅子，愣了一下，立即微笑着请示总经理：“您好，我可以把外面的椅子搬一把进来吗？”

总经理脸上的笑容舒展开来，温和地说：“为什么不可以？”

大学生就到外面搬来了一把椅子坐下来，和总经理有礼有节地完成了后面的谈话。

最后一轮面试结束后，总经理留用了这位应届的大学毕业生。

总经理的理由很简单：我们需要的是有思想、有主见的人，没有自己的思想和主见，一切的学识和经验都毫无价值。

事实也证明总经理的判断准确无误。仅仅半年之后，应届毕业生就坐到了总经理助理的位置上，成为公司中最年轻的高层管理人员。

『人生感悟』

做任何事情都需要我们有思想、有主见，这样才能充分发挥自己的主动性和创造性。如果一个人没有自己的思想和主见，那么，一切学识和经验都毫无价值。

做事最怕没创意，
有创意的东西才能引起关注

日本冈山市有一栋非常漂亮气派的5层钢筋水泥大楼。这栋大楼就是条井正雄所拥有的冈山大饭店。然而，谁也没想到，这位当

年身无分文的条井正雄却盖起了这栋大楼。

条井以前是一家银行的贷款股长，一直负责办理饭店、旅馆业贷款的工作。10 年的工作，使他不知不觉成了一个对旅馆经营知识十分丰富的人，这时他心里自然也产生了经营旅馆的欲望。为了求得更完善的方案，他实地做过精密的调查，调查结果是来冈山市的旅客，有 97% 是为商务而来的。然后，他又在公路边站了三个月，调查汽车来往情况，得出每天汽车流量有 900 辆，平均每辆车约坐 2.7 人。然而当时，冈山市的旅馆却没有一家有像样的停车场设施。他想，将来新盖的饭店，必须具有商业风格，而且附设广阔的停车场，以此来吸引旅客。他又花费一年时间，制成几张十分阔气的饭店设计图纸和一份经营计划书。抱着试试看的态度到冈山市最大的建筑公司碰运气。

一位主管看了他的设计后，问条井："你准备了多少资金来盖这栋大楼？"

"我一分钱也没有，我想，先请你们帮我盖这栋大楼，至于建筑费等我开业之后，分期付给你们。"条井泰然自若地回答。

"你简直是在做白日梦，真是太天真了，请你把这个设计图拿回去吧！"

"这几张图纸和计划书是我花了两年时间完成的，我认为很完整。请你们详细研究，我之后再来讨教！"条井没有说更多的话，把设计图丢在那里，掉头就走。

半个月后，奇迹发生了，这个建筑公司约他去面谈。该公司的董事和经理齐聚一堂，从上午 8 点谈到下午 4 点，一个接一个地问话，各式各样的提问，那种场面真令人心惊肉跳。然而，令人难以相信的事终于发生了：建筑公司决定花两亿日元替这位身无分文的先生盖饭店。

一年后饭店落成了，条井成了老板。这就是创意所带来的巨大成功。

『人生感悟』

创意是一种找出问题，改进方法的能力。做事最怕没创意，只有有创意的东西才能从众多的同类事物中脱颖而出，引起人们的关注。发挥创意并不仅仅局限于艺术领域，各项事业的成功都需要充分运用我们的创意。

认识并相信自己，才能更好地发挥潜能

梅尔文·亚班斯从事的是培养推销员的工作，但他最擅长的是激发每个人都具有的潜能。他负责把某人从不能发挥特长的工作岗位，调到更能发挥才能的职位上，而且往往都会获得非常好的成效。他称自己从事的工作是“人类改造业”。他相信能在人们身上发掘出未开发的潜能，并帮助人们实现自身的发展。

有一个叫杰克的青年，担任非常呆板的事务性工作。他很有才能，擅于交际，待人和善，工作认真，他经常提出促进生产的新构

想。不仅如此，他还能很好地激励周围的人奋发向上。亚班斯很钦佩杰克，认为他还有许多未开发出来的潜能，于是就问他："你认为这家公司如何？"

"我认为它是世界上最好的公司，能在这里工作对我来说是很大的鼓励，我准备成为公证会计师。"

亚班斯这样对他说："让我说出我对你的看法吧！也许你会惊讶，你有非常好的推销天分。你热爱公司的产品，如果负责销售，你一定能获得最好的成绩，不论对公司或你自己都能带来很大的利益。"

这意外的建议使杰克惊讶极了，很自然地流露出了他的另一面，那就是不安与缺乏信心。

"不，我对现在的工作很满意，我已经驾轻就熟，就像在自己的家里一样，改变工作可能会让我变成离水的鱼，我不可能改行做推销员。"他说出对自己的否定性评价，对离开安定的岗位显得很不安。

可是，亚班斯非常坚持："你并不了解你自己。你现在最需要的是不要怀疑，对自己要有信心，必须了解真正的自己。"亚班斯的热忱终于使杰克答应接受推销术的培训。后来连他自己都觉得惊讶，因为他对推销工作非常感兴趣。

讲习班的讲师对亚班斯说："你发现了一位可以说是天生的推销员。只是他本人还缺乏信心。""不久他就会有信心的。"亚班斯回答道。

杰克到外面去实际访问客户的一天终于来临了，他非常紧张。

亚班斯对他说："我也一道去吧。在你负责的部分地区我可以和你一起。"

亚班斯把新推销员杰克带到成交可能性较大的顾客那里去。杰克发挥了他的社交特长，对方相当满意。他很仔细地观察亚班斯为他示范的推销法，在两人一道进行访问的过程中，杰克获得了宝贵的启示。亚班斯也把自己的信念与自信植入杰克的心中。不久，杰克真正相信自己的能力了，他改变了对自己的看法，产生了成就感，并且越来越喜欢这项工作。

有一天，亚班斯对这位新推销员表示，以后不能和他一起出去了，他必须一个人去面对客户，接着给他打气说："保持热忱，待人温和，对公司的产品和自己要有信心。"

"我一个人也做得来。"杰克带点不安地低声回答道。

"你绝不会孤独的。"亚班斯鼓励他。

后来，杰克发挥他的潜能获得了成功。亚班斯的判断没有错。

『人生感悟』

在现实生活中，有很多人不能正确认识自己，这就使得他们缺乏自信，无法充分发挥自己的才能。一个人是不能没有自信的，自信是令人难以置信的力量产生的源泉。一个人拥有了自信，便拥有了成功的前提。

甩掉自卑的包袱

从前，在夏威夷有一对双胞胎王子。有一天，国王想为大王子娶媳妇，便问他喜欢怎样的女性。

大王子回答："我喜欢瘦的女孩子。"

岛上知道了这消息的年轻女性想："如果顺利的话，或许能攀上枝头做凤凰。"于是大家争先恐后地开始减肥。

不知不觉，岛上几乎没有胖的女性了。不仅如此，因为女孩子一碰面就竞相比较谁更苗条，甚至出现了因为营养不良而得重病的情况。

后来却出现了意外的情况——大王子因为生病一下子就过世了，因此仓促决定由弟弟来继承王位。

于是国王又想为小王子娶媳妇，便问他同样的问题。"现在的女孩都太瘦弱了，而我比较喜欢丰满的女性。"小王子说。

岛上知道消息的年轻女性，开始竞相大吃特吃，于是，岛上几乎没有瘦的女性了，但岛上的食物也被吃得匮乏，甚至连为预防饥荒的粮食也几乎被吃光了。

最后王子所选的新娘，却是一位不胖不瘦的女性。

王子的理由是："不胖不瘦的女性，更显青春健康。"

『人生感悟』

自卑感在每个人身上都或多或少地存在，但我们不应被自卑吓倒，而应超越自卑，让它升华为良好品格：谦虚谨慎，不骄不躁，并转化成进取的动力。只有这样，你才会活得开心，活得精彩，你的人生才会充满希望。

勇于出新出奇，
才会有更多成功的机会

风光优美、气候宜人的奥地利，是各国游客喜欢观光的胜地。在某处青山和绿茵的环抱中，有家名为特里页辛格霍夫的酒店首创世界之最——“婴儿酒家”，吸引了成千上万的国内外游人，生意极为兴隆。

那么，这个“婴儿酒家”是谁的创意呢？说来话长。这家酒店原是一位女老板经营，后来她病逝。店务就落在她那个 29 岁的儿子西格弗里德的身上。

新老板很想革故鼎新，搞些新名堂，用以开拓自己的事业。

一天，一位朋友满面春风地来探望他，告诉他自己成为父亲了。望着朋友容光焕发的笑脸，西格弗里德怦然心动，一个崭新的生意从脑海中跳出来。他对朋友说：“我想把这家普通酒店改成一家婴儿酒家。我特地邀请您夫妇带着小孩两星期后光临，在此度过一段美妙的休假。”朋友欣然答应。

于是酒店立即投入改装、施工。亲友们很不理解西格弗里德的新名堂，指责道：“婴儿会喝酒吗？你年纪轻轻办事不牢靠，不要把

你母亲多年辛苦经营留下的产业败光了啊!”

西格弗里德申辩道:“我命名它为‘婴儿酒家’,宗旨是‘小客人快乐第一’,其实更是为年轻的父母们服务的呀。”

亲友们还是不理解,都说他异想天开,肯定是个败家子。西格弗里德不再搭理他们,督促工匠们加快工作进度:在两星期的停业改修中,他为酒店添置了许多婴儿床、高脚椅和各式玩具,新辟了小客房、游乐室、婴儿酒吧和水上单车,并聘用了三位经过专业训练的合格护士,以备安排24小时轮流值班,看护各个房间的小客人。每间小客房都要安装与服务台大厅连接的警铃,要是婴儿哭了或醒了,正在饮酒、跳舞或打高尔夫球的年轻父母就能及时赶去探望。

“婴儿酒家”终于如期开张。第一批前来娱乐度假的顾客中就有那位带着妻儿的朋友。他们为这独树一帜的酒家迷住了,极其舒畅地度过了一段终生难忘的日子。回去后,他们有意无意地为这世界之最的酒家做义务广告宣传员。于是,该店常常爆满。年轻的父母为了品味这家酒店的新奇和美妙,纷纷上门或预约房间。西格弗里德又及时根据生意行情,购买了更多的玩具、婴儿床、尿壶、拉屎座椅等,终于把婴儿酒家办成一座令婴儿及其父母流连忘返的儿童乐园。

『人生感悟』

我们知道,因循守旧会导致故步自封,只有推陈出新才能有所发展。要善于抓住头脑中一闪而过的灵感,如果可行就要立刻去做,不要在乎别人的看法,因为这往往就是一个获取成功的绝好机会。

第八章 幸福掌握在自己手中

“幸福”是一个深切而又绵长的词，它总是让人参悟不透、体味不深。找寻幸福是生命的至高理想，品味幸福却是一种人生智慧。

当幸福锁上大门，请找到破解幸福密码的那把钥匙，用你的心去开启它，你会发现原来幸福如此简单、如此美好……

偶尔我们会困惑什么才是幸福，怎样才能握紧幸福。其实幸福有很多种存在形式，有时甚至很简单，只需你用真心去体会那每一种存在，就会破解幸福的密码。

信念是幸福人生的航道

唐代的百丈禅师，曾制定《百丈清规》，并笃实奉行，“一日不作，一日不食”，一面修行，一面劳作。他年老时仍然照常操作，弟子们于心不忍，偷偷地把他的农作工具藏匿起来。禅师找不到工具，那一天没工作，但是那一天他也就真的没吃东西。百丈禅师为何能精勤不休？是因为他的信念和抱负鞭策着他。

清末时，梨园中有“三怪”，声名远播。

跛足孟鸿寿，幼年身患软骨病，身长腿短，头大脚小，走起路来不能保持身体平衡。于是，他暗下决心，勤学苦练，扬长避短，后来一举成为丑角大师。

盲人双阔，自小学戏，后来因疾失明，从此他更加勤奋学习，苦练基本功，他在台下走路时需人搀扶，可是上台表演却寸步不乱，演技超群，终于成为一名功深艺湛的武生。

哑巴王益芬，先天不会说话，平日看父母演戏，一一默记在心，虽无人教授，但他每天起早贪黑练功，常年不懈。技艺学成后，一鸣惊人，成为戏园里有名的武花脸，被戏班奉为导师。

身有残疾的梨园“三怪”，为什么能够成才呢？一是他们不被自己的缺陷所压服，身残的压力让他们更加坚定了人生的信念。看似失败的人生，实际还有通向成功的途径。他们身残志坚、扬长避短，再加上勤奋，于是他们从勤奋中锻造了最好的自己，同时也成就了一番事业。

『人生感悟』

抱着坚定的信念，铁树也有可能开花。信念，为幸福人生指明了航道。

专注、执着，幸福之本

专注、执着是一种信念，是一种忘情和忘我的投入。

一位伟人说，一个人的一生只能做好一件事。可是，并不是任何人的一生都能做好一件事，这里边固然有诸如才智、环境、机遇等方面的因素，但主要还是缺少对所追求事物的投入。

这世上，专注者往往默默无闻，普通得如田野里耕作的农民和车间里从事生产的工人，谦卑得如郊外的草树、如山谷里不为人知的流水。但是，他们还有一个共同的特点，就是对自己所追求的事业具有献身精神，能够把自己的时间和精力都投入其中。

学者梁实秋曾断断续续用30余年的时间独自完成了《莎士比亚全集》的翻译工作，投入了几乎半生的精力。开始，梁实秋共物色了5个人担任翻译，他和闻一多、徐志摩、陈西滢、叶公超，计划5~10年完成。后来，另外四人临阵退出，梁实秋便一个人把任务承担下来。人生的遭遇是任何人都难以预料的，他在抗战爆发前完成8部莎翁剧作的翻译工作。“七七事变”后，为了躲避日寇的通缉，他不得不逃离北京，在极其艰苦的环境下，继续进行对莎翁剧作的翻译。抗战胜利后，梁实秋回到北京，在北京师范大学任教，课余之暇，他依然坚持莎翁剧作的翻译工作。1967年，由梁实秋独立翻译的莎士比亚37种作品的中文译本全部出齐，在国内大学界引起了轰动。梁实秋回忆说：“我翻译莎氏，没有什么报酬可言，穷年累月，其间也很少得到鼓励……”梁实秋的成功，得益于他对这一工作的执着精神，得益于他一心一意的投入。任何事情都需要投入，要想成就大事就更是要锲而不舍地投入。

专注是“语不惊人死不休”的豪情，是“为伊消得人憔悴”的投入，是“十年磨一剑”的等待。所以，荀子在《劝学》中说：“锲而舍之，朽木不折；锲而不舍，金石可镂。”古今成大事者，大都具有这份执着精神。

『人生感悟』

执着的信念，能帮助我们挖掘出深藏自身的无穷力量。让我们铭记爱因斯坦的名言：“真正有价值的东西不是出自雄心壮志或单纯的责任感，而是出自对人和客观事物的热爱与专心。”

情感需要分享

一位犹太教的长老酷爱打高尔夫球。

在一个安息日，他觉得手痒，很想去挥杆，但犹太教规定，信徒在安息日必须休息，什么事都不能做。

这位长老实在忍不住，决定偷偷去高尔夫球场，想着打 9 个洞就好了。

由于安息日犹太教徒都不会出门，球场上一个人也没有，因此长老觉得不会有人知道他违反规定。

然而，长老在打第二洞时，却被天使发现了，天使生气地到上帝面前告状，说某某长老不守教义，居然在安息日出门打高尔夫球。

上帝听了，就跟天使说，会好好惩罚这个长老。

第三个洞开始，长老打出超完美的成绩，几乎都是一杆进洞。

长老兴奋莫名，到打第七个洞时，天使又跑去找上帝：上帝呀，你不是要惩罚长老吗？为何还不见有惩罚？

上帝说：我已经在惩罚他了。

直到打完第九个洞，长老都是一杆进洞。

因为打得太神乎其技了，于是长老决定再打 9 个洞。

天使又去找上帝了：到底惩罚在哪里？

上帝只是笑而不答。

打完 18 洞，成绩比任何一位世界级的高尔夫球手都优秀，这可把长老乐坏了。

天使很生气地问上帝：这就是你对长老的惩罚吗？

上帝说：正是。你想想，他有这么惊人的成绩以及兴奋的心情，却不能跟任何人说，这不是最好的惩罚吗？

『人生感悟』

快乐和痛苦都要有人分享。没有人分享的人生，无论面对的是快乐还是痛苦，都是一种惩罚。我们常有这样的体验：当我们因为某一件事而快乐或者痛苦时，都要迫不及待地告诉亲人或者朋友，让他们分享快乐或者从他们那里寻求安慰。其实，人的内心都有脆弱、孤独的一面，大喜大悲都难以独自承受。如果没有分享，快乐便不再是快乐，痛苦却变得更加痛苦。

再尝试一次，幸福就在门后

许多时候，失败、打击接踵而至，但即便如此，你也不能放弃、不能退缩。因为只有采取积极进取的态度，吸取值得吸取的教训，才能克服困难，战胜挫折；才能获得成功，找到幸福。

无论是在各种比赛和竞争中，还是在升学求职和事业上，我们都要在挫折面前采取积极的态度。无论你遇到了怎样的艰难困苦，特别是在遇到巨大的精神压力的时候，你都要顽强地活下去。

如果你对未来失去了信心，那么一切都将是另外一种情景和结果。对未来幸福的追求，是人生中绝对不可缺少的东西，它是人生

自任命为白宫负责出版事务的首席秘书。

当然，查理被挑选担任这一职务也并非偶然。原来，毕业典礼后带领男生包围布朗小姐，并告诉她自己感到受冷落的那个男孩子正是杜鲁门本人。

查理就职后的第一件事，就是接通布朗小姐的电话，向她转述美国总统的问话："您还记得我未曾获得的那个吻吗？我现在所做的能够得到您的吻吗？"

『人生感悟』

生活中，当我们遭到冷遇时，不必沮丧，不必愤恨，唯有尽全力赢得成功，才是最好的答复与反击。

对冷遇说声"感谢"吧，它是另一种动力和幸运。

扼住命运的咽喉，才是命运的主人

要改变命运，就必须让自己成为命运真正的主人，因为生活的主人是自己。

让我们来重温一下"乐圣"的故事。

经过多年的勤学苦练，贝多芬逐渐成长为一名优秀的音乐家，创作了数以百计的音乐作品。但从 1816 年起，贝多芬的健康状况越来越差，后来耳病复发，不久就失聪了。作为一名音乐家，失去了听觉，就意味着将要离开自己喜爱的音乐艺术，这个打击简直比被判了死刑还要痛苦。

他便开始了与命运的抗争。除了作曲外，他还想担任乐队指挥。结果在第一次预演时弄得大乱，他指挥的演奏比台上歌手的演唱慢了许多，使得乐队无所适从，混乱不堪。看到别人写给他“不要再指挥下去了”的字条时，贝多芬顿时脸色发白，慌忙跑回家，痛苦得一言不发。

在困厄中，贝多芬没有自暴自弃，他以极大的毅力克服耳聋带给他的困难。耳朵听不到，他就拿一根木棍，一头咬在嘴里，另一头插在钢琴的共鸣箱里，用这种办法来感受声音。这样，他不仅创作出了比过去更多的音乐作品，还能登台担任指挥了。

1824 年的一天，贝多芬又去指挥他的《第九交响乐》，博得全场一片喝彩，一共响起了 5 次热烈的掌声。然而，他却一点儿也没有听到，直到一个女歌唱家把他拉到前台，他才看见全场观众纷纷起立，有的挥舞着帽子，有的热烈鼓掌，这种狂热的场面，让贝多芬激动不已。

1827 年 3 月 26 日，贝多芬在维也纳病逝。他一生创作了 9 部交响乐，其中尤以《英雄交响乐》《命运交响乐》《田园交响乐》《合唱交响乐》最为著名，此外，还有 32 首钢琴奏鸣曲，以及大量的钢琴协奏曲、小提琴协奏曲等。他的一生为音乐的繁荣发展做出了巨大贡献。

“乐圣”以一生的波澜壮阔，传达着这样一句撼天动地的宣言：“我将扼住命运的咽喉，它绝不能使我屈服！”

『人生感悟』

世界上有太多的人根本不是自己命运的主人。我家里太穷、我学历不高、没人帮我一把、这太困难了……勇敢一些，你完全可以粉碎这些妨碍幸福的借口！

置自己于悬崖，拓展生命的宽度

许多时候，我们需要让自己置身于命运的悬崖绝壁上。正是面临这种后退无路的境地，人才会迸发出所有的能量，拓展生命的宽度。

有一个出身名校的大学生，毕业后被分配到一个让人们羡慕的政府机关，干着一份相对轻松的工作。好景不长，他开始陷入苦闷，原来他的工作虽轻松，但与所学专业毫无关系。他可是经济专业的高才生啊，在这里他无用武之地。他想辞职外出闯天下，却又留恋眼下这份舒适的工作。外面的世界虽然很精彩，风险也大啊。

无奈之下，他将自己的困惑告诉了他最敬重的一位长者。长者一笑，给他讲了一个故事：

“一个农民在山里打柴时，拾到一只样子怪怪的鸟。那只怪鸟和出生刚满月的小鸡一样大小，还不会飞，农民就把这只怪鸟带回家给小女儿玩耍。

“调皮的小女儿玩够了，便将怪鸟放在小鸡群里充当小鸡，让母鸡养育着。

“怪鸟长大后，人们发现它竟是一只鹰，他们担心鹰再长大一些会吃鸡。然而，那只鹰和鸡相处得很和睦，只是当鹰出于本能飞上天空再向地面俯冲时，鸡群会产生恐慌和骚乱。

“渐渐地，人们越来越不满，如果哪家丢了鸡，便会首先怀疑那只鹰。

“要知道鹰终归是鹰，生来是要吃鸡的。大家一致强烈要求：要么杀了那只鹰，要么将它放生，让它永远也别回来。因为和鹰有了感情，这一家人决定将鹰放生。

“谁知，他们把鹰带到很远的地方放生，过不了几天那只鹰又飞回来了；他们驱赶它不让它进家门；他们甚至将它打得遍体鳞伤……都无法成功。

“后来村里的一位老人说：‘把鹰交给我吧，我会让它永远不再回来。’老人将鹰带到附近一个最陡峭的悬崖绝壁旁，然后将鹰狠狠向悬崖下的深涧扔去。那只鹰开始如石头般向下坠去，然而快要到涧底时它终于展开双翅托住了身体，开始缓缓滑翔，最后轻轻拍了拍翅膀，就飞向蔚蓝的天空。它越飞越自由舒展，越飞越高，越飞越远，渐渐变成了一个小黑点，飞出了人们的视野，再也没有回来。”

听了长者的故事，年轻人似有所悟。几天后，他辞去了公职外出打拼，终有所成。

可见，留恋安逸、舒适，生命将会永远局限于那一亩三分地。

『人生感悟』

将自己置于没有退路的悬崖，从某种意义上说，是给自己一个向生命高地冲锋的机会。

微笑的力量

20世纪30年代，一位犹太传教士每天早晨总是按时到一条乡间土路上散步。无论见到谁，他总是微笑着热情地打一声招呼：

“早安。”

其中，有一个叫米勒的年轻农民，对传教士的问候，起初反应冷漠。在当时，当地的居民对传教士和犹太人的态度是很不友好的。然而，年轻人的冷漠，未曾改变传教士的热情，每天早上，他仍然给这个一脸冷漠的年轻人道一声早安。终于有一天，这个年轻人脱下帽子，也向传教士道一声：“早安。”

好几年过去了，纳粹党上台执政。

这一天，传教士与村中所有的人，被纳粹党集中起来，送往集中营。在下火车列队前行的时候，有一个手拿指挥棒的指挥官，在前面挥动着棒子，叫道：“左，右。”被指向左边的是死路一条，被指向右边的则还有生还的机会。

传教士的名字被这位指挥官点到了，他浑身颤抖，走上前去。当他无望地抬起头来，目光一下子和指挥官的眼神相遇了。

传教士习惯性地脱口而出：“早安，米勒先生。”

指挥官米勒虽然没有过多的表情变化，但仍禁不住还了一句问候：“早安。”声音低得只有他们两人才能听到。米勒看着传教士，犹豫了一秒钟，将指挥棒指向了右边，低声说：“右。”

『人生感悟』

人是很容易被感动的，而感动一个人靠的未必都是慷慨的施舍、巨大的投入。往往一个热情的问候、一个温馨的微笑，也足以在人的心灵中洒下一片阳光。

压力之下，强者的脊梁将更加坚硬

生活中，不少人畏惧压力、逃避压力。其实，压力也是一种动力。俗谚说“人无压力轻飘飘”“人无压力不成才”。正视压力，与压力共处，正是强者的选择。自然界曾有一种腔棘鱼，又称“空棘鱼”，它因脊柱中空而得名，是鱼类与登上陆地的两栖动物的过渡类型。生物学家在白垩纪之后的地层中找不到它的踪影，因此得出结论：这个登陆英雄已经告别世间，全部灭绝了。1938年在南非，人们发现了一条腔棘鱼，这个史前鱼种还活着！在距今4亿年前的泥盆纪时代，腔棘鱼的祖先凭借强壮的鳍，爬上了陆地。经过一段时间的挣扎，其中的一支越来越适应陆地生活，成为真正的四足动物；而另一支在陆地上屡受挫折，重新返回大海，并在海洋中寻找到一个安静的角落，与陆地彻底告别了。

谁会想到，这个安静的角落就是11000米深的海底。要知道，人类入海比登天还要难。首先是巨大的压力：水深每增加10米，压力就要增加101千帕。在11000米深的海底，压力将高达111100千帕，别说人的血肉之躯，就是普通的钢铁构件也会被压得粉碎。还有海底的恶劣环境：黑暗、寒冷！太阳光进入海中很快被吸收，10米处的光强度只及海洋表面的18%，100米深处则只有1%了。光线稀少，热量自然难留，水下的寒冷、黑暗可想而知。然而，腔棘鱼通常生活在非常深的海底，并把自己隐藏在海底礁石的洞穴里。

在恶劣的海底，它们学会与压力共处，在自己创造的历史里痛并快乐地生存着，超乎想象地存在了4亿年！

腔棘鱼的奇迹告诉了人们一个道理：压力，并非痛苦、沉重的代名词，直面压力，愈挫愈勇，人生将奇妙无比。

压力如苦胆，但勾践卧薪尝胆，终率三千越甲灭吴，俘获了终日与西施畅游的夫差；宫刑的压力如山，但司马迁并未逃避或自绝于世，贫病之中，他完成了辉煌巨著《史记》……

压力在前，怨天尤人，绕道而行，你的人生境界将似井底之蛙；负重之下，变压力为动力，逆流而上，幸福将不期而至。

『人生感悟』

压力，也是上天的赠予，它可谓强者与弱者的试金石。

把握住了现在，

我们就把握住了幸福

人，不能弥补过去，也不能预测未来，唯一能做的，只有把握现在。有这样一个故事，令人颇有感触。

一位智者旅行时，曾途经古代一座城池的废墟。岁月已经让这座城池显得满目沧桑了，但依然能辨析出昔日辉煌时的风采。智者想在此休息一下，就随手搬过一个石雕坐下来。

他望着废墟，想象着曾经发生过的故事，不由得感慨万千。

忽然，他听到有人说："先生，你感叹什么呀？"

他四下里望了望，却没有人，他疑惑着。那声音又响起来，是来自那个石雕，原来那是一尊"双面神"神像。

他从未见过双面神，就好奇地问："你为什么会有两副面孔呢？"

双面神说："有了两副面孔，我才能一面察看过去，牢牢吸取曾经的教训；另一面瞻望未来，去憧憬无限美好的明天。"

智者说："过去只能是现在的逝去，再也无法留住；而未来又是现在的延续，是你现在无法得到的。你不把现在放在眼里，即使你能对过去了如指掌，对未来洞察先知，又有什么具体的实在意义呢？"

听了智者的话，双面神不由得痛哭起来："先生啊，听了你的话，我才明白，我今天落得如此下场的根源。

“很久以前，我驻守这座城时，自诩能够一面察看过去，一面瞻望未来，却唯独没有好好地把握住现在。结果，这座城池被敌人攻陷了，美丽的辉煌都成了过眼云烟，我也被人们唾骂而弃于废墟中。”

的确，忽略了现在，就等于自讨苦吃。幸或不幸，都是在我们现在的每一个行动中形成的。把握住了现在，即把握住了幸福的秘密。

『人生感悟』

不懂得把握现在，过去和未来都将成为落寞的烟尘。应破除对过去和未来的执着，活在当下。

生于忧患，死于安乐

长在岩石间的树，总是特别苍劲；沙漠里的种子，遇到一点儿水分就能快速萌发；极地的苔藓，经历长期的干燥寒冷依然存活。不平凡的遭遇常能造就不平凡的人生。顺利的境遇，优越的地位，富足的资财，舒适的生活，似乎应该是个人、家庭以至民族发展的有利条件。但历史和现实的经验却一再告诉我们：从来纨绔少伟男。在中国五千年的文明史上，我们看到名门望族走马灯般地替换，家运五代不衰便成为治家有方的美谈。

相反，苦难、逆境，甚至生理缺陷反而产生和造就了一些伟大人物。恺撒、亚历山大、罗斯福都是如此。心理学家认为，压力是每个人生活中不可缺少的一部分，苦难的刺激能使人振作。

明朝作家刘元卿，在短文《猱》中记述了这样一个故事：猱的体形很小，长着锋利的爪子。老虎头痒，猱就爬上去搔痒，搔得老虎飘飘欲仙。猱不住地搔，并在老虎的头上挖了个洞，老虎因感觉舒服而未觉察。猱于是把老虎的脑髓当作美味吃个精光。

生活中，类似的行为也有很多。有很多的成功人士、企业，由强变弱，最终惨遭淘汰。尽管这些成功人士、企业“败走麦城”的原因各不相同，但有一点是共同的，即缺少一种忧患意识和危机意识，安而忘危，缺少远虑，对面临的危险认识不足、准备不足，最终导致失败。

“微软离破产永远只有 18 个月”，比尔·盖茨的危机意识铸就了微软的不败神话。永怀忧患意识，是成功、幸福的保证。

『人生感悟』

风流总被雨打风吹去。懂得居安思危，幸福才会长久。

第九章 拆掉思维里的墙

我们每个人的内心，都有一些根深蒂固的思维模式，对于幸福、成功、事业，我们往往纠结于世人的看法……这些固定的思维方式，在我们的脑海中处于相当强势的地位，它们驾驭我们，操纵我们，束缚我们的思想和行为，剥夺我们的热情和希望，让我们在碌碌无为的平庸状态中变得心安理得，在浑浑噩噩的麻木生活中变得浑然不觉。

突破现实生活的禁锢，着眼于长远与未来；突破心智模式障碍，找到全新的思考方式，拆掉思维的墙，打开梦想的窗，走出生命的困境，加速人生的巡航。

善于运用大脑的人，无论在何时何地都会有成功相伴

当时人们都去开山，但他不像别人那样把石块砸成石子运到路边，卖给建房的人，而是卖给杭州的花鸟商人。因为这儿的石头都是奇形怪状的，他认为卖重量不如卖造型。5 年后，他成为村里第一个盖起瓦房的人。

后来，不许开山，只许种树，于是这儿成了果园。每到秋天，漫山遍野的鸭梨招徕八方客商，他们把堆积如山的梨子成筐成筐地运往北京和上海，然后再发往韩国和日本。因为这儿的梨，汁浓肉脆，纯正无比。

就在村里的人为鸭梨带来的小康日子欢呼雀跃时，他卖掉果树，开始种柳。因为他发现，来这儿的客商不愁挑不到好梨子，只愁买不到盛梨子的筐。5 年后，他成为第一个在城里买房的人。

再后来，一条铁路从这儿贯穿南北，这儿的人上车后，可以北

到北京，南抵九龙。小村对外开放，果农也由单一的卖果开始谈论果品加工及市场开发。就在一些人开始集资办厂的时候，他在他的地头砌了一垛3米高、百米长的墙。这垛墙面向铁路，背依翠柳，两旁是一望无际的万亩梨园。坐火车经过这儿的人，在欣赏梨花时，会突然看到四个大字：可口可乐。据说这是五百里山川中，唯一的一个广告。他凭这垛墙，第一个走出了小村，因为他每年有4万元的额外收入。20世纪90年代末，日本丰田公司亚洲区代表山田信一来华考察。当他坐火车路过这个小山村时，听到了这个故事，他被主人公罕见的商业头脑所震惊，当即决定下车寻找这个人。当山田信一找到这个人的时候，他正在自己的店门前，与对门的店主吵架，因为他店里的一套西装标价800元的时候，同样的西装对门标价750元；他标价750元的时候，对门就标价700元。一个月下来，他仅批发出8套西装，对门却批发出800套。山田信一看到这种情形，非常失望，以为被讲故事的人欺骗了。然而，当山田信一弄清真相之后，立即决定以百万年薪聘请他。

因为对门的那个店也是他的。

『人生感悟』

一个人能够成功，一定有他成功的理由。在各种成功的理由中，善于运用大脑是最让人敬佩的。在我们自身所有的资源中，大脑是最值钱的。一个善于运用大脑的人，无论在何时何地都会有成功相伴。

只要动动脑筋，
就可以变不利为有利

有一个住在佛罗里达州的农夫，当他买下那片农场的时候，他觉得非常沮丧。因为那块地坏得使他既不能种水果，也不能养猪，那里能生长的只有白杨树及响尾蛇。

然而，他想到了一个好主意，他把他所拥有的变成一种资产——他要利用那些响尾蛇。

他的做法使每一个人都很吃惊，因为他开始做响尾蛇肉罐头。

后来，他的生意做得非常大。由他养的响尾蛇所取出来的蛇毒，运送到各大药厂去，做抗蛇毒的血清；响尾蛇皮以很高的价钱卖出去，做女人的鞋子和皮包；装着响尾蛇肉的罐头，送到世界各地的顾客手里。而且，每年来参观他的响尾蛇农场的游客，差不多有2000人。

这个村子现在已改名为佛罗里达州响尾蛇村。

这个农夫动了动脑筋，凭借自己的智慧，硬是把当年的“不利”变成了“有利”。

事实证明，他成功了。

『人生感悟』

不可否认，环境可以决定一个人的成败。有利的环境有助于成功，如果肯动脑筋的话，在不利的环境中，把不利变为有利，同样可以获得成功。

只有变通思维，才能变不可能为可能

莫扎特还是学生时，曾和老师海顿打过一次赌。他说他能写出一段曲子，老师准弹不了。

世界上竟会有这种怪事？在音乐殿堂早已功成名就的海顿对此岂能轻易相信。

见到老师疑惑不解的样子，莫扎特伏案疾书起来，很快便将一段曲谱交给了老师。

海顿未及细看便很不在乎地坐在钢琴前弹奏起来。但很快海顿就弹不下去了，他惊呼起来："这是什么呀？我两手分别弹响钢琴两端时，怎么会有一个音符出现在键盘中间位置呢？"

接下来海顿以他那精湛的技巧又试弹了几次，还是不成，最后无可奈何地说："真是活见鬼了，看样子任何人也弹奏不了这样的曲子。"

显然，海顿讲的"任何人"也包括莫扎特。

只见莫扎特微笑着接过乐谱，坐在琴凳上，胸有成竹地弹奏起来，海顿也屏住呼吸留神观看他的学生究竟会怎样去弹奏那个需要"第三只手"才能弹出来的音符。

令老师大为惊喜的是，当莫扎特遇到那个特别的音符时，他不慌不忙地向前弯下身子，用鼻子点弹而就。

海顿禁不住对自己的高徒赞叹不已。

『人生感悟』

生活中的很多事情，只要你变通一下思维，就可以变不可能为可能。学会变通思维，你将会奏出精彩的人生乐章。

在危急状况下，要保持冷静并正确思考

“第二次世界大战”期间，一艘美国驱逐舰停泊在某国的港湾，那天晚上万里无云，明月高照，一片宁静。一名士兵按例巡视全舰，突然他停步站立不动，他看到一个乌黑的大东西在不远的水上浮动着。他惊骇地看出那是一枚触发水雷，可能是从一处雷区脱离出来的，正随着退潮慢慢向着舰身中央漂来。

士兵抓起舰内通讯电话机，通知了值日官，值日官立刻快步跑来。他们很快地通知了舰长，并且发出全舰戒备讯号，全舰立时动员了起来。

官兵们都愕然地注视着那枚慢慢漂近的水雷，大家都了解眼前的状况，灾难即将来临。

官兵们立刻提出各种办法。他们该起锚走吗？不行，没有足够的时间。发动引擎使水雷漂移开？不行，因为螺旋桨转动只会使水雷更快地漂向舰身。以枪炮引发水雷？也不行，因为那枚水雷太接

近舰里面的弹药库。那么该怎么办呢？放下一支小艇，用一支长杆把水雷拨走？这也不行，因为那是一枚触发水雷，同时也没有时间去拆下水雷的雷管。

悲剧似乎没有办法避免了。

有一名水兵一直没有说话，他一直在冷静地思索着。突然，这名水兵想出了一个更好的办法。“把消防水管拿来。”这名水兵大喊着。

大家立刻明白，这个办法的确有道理。他们向舰艇和水雷之间的海面喷水，制造出了一条水流，把水雷带向远方，然后再用舰炮引炸了水雷。

一场险情就这样被化解了。

『人生感悟』

面临险情时，切忌慌乱，更不要坐以待毙，而应该保持冷静并正确思考。保持冷静能够集中精神，正确思考可以在最短的时间内想出解决之道。

只有打开固定思维这把锁，才能打开心中的锁

一代魔术大师胡汀尼有一手绝活——他能在极短的时间内打开极其复杂的锁，从未失手。

他曾为自己定下一个富有挑战性的目标：在60分钟之内，从任何牢中挣脱出来，条件是让他穿着特制的衣服进去，并且不能有人在旁边观看。

有一个英国小镇的居民，决定向伟大的胡汀尼挑战，有意给他难堪。他们特别打制了一个坚固的铁牢，配上一把看上去非常复杂的锁，请胡汀尼来看看能否从这里出去。

胡汀尼接受了这个挑战。他穿上特制的衣服，走进铁牢中，牢门“哐啷”一声关了起来，大家遵守规则转过身去不看他工作。胡汀尼从衣服中取出自己特制的工具，开始工作。

30分钟过去了，胡汀尼用耳朵紧贴着锁，专心地工作着；45分钟、一个小时过去了，胡汀尼头上开始冒汗。两个小时过去了，胡汀尼始终听不到期待中的锁簧弹开的声音。他筋疲力尽地将身体靠在门上坐下来，结果牢门却顺势而开，原来，牢门根本没有上锁，那把看似很厉害的锁只是个摆设。

小镇居民成功地捉弄了这位逃生专家，门没有上锁，自然也就无法开锁。但胡汀尼心中的门却上了锁。

由此可见，胡汀尼能打开真正的锁，却打不开心中的锁。

『人生感悟』

我们每个人的心中都有一把巨大的锁，它会锁住许多重要的东西，这把锁就是固定思维。遇事时，应该多思考，打开固定思维这把锁，才会使问题出现转机。

只有抓住了问题的关键，才能从根本上解决问题

从前，有一个守园人看守着一座官家园林。

园子中长着一棵毒树，这棵树虽有毒，但长得非常好，大大的枝丫伸向空中，就像一把撑开的伞。许多游人来到园中游玩观赏，停在这棵毒树下乘凉休息，结果沾上了毒气，有的头痛欲裂，有的腰酸背痛，有的甚至躺在树下再也起不来了。

守园人知道了这是一棵毒树，又目睹众人在树下休息不是得病就是丧命的遭遇，就决心用斧子砍掉这棵毒树。

他找来一把一丈多长的长柄斧子，远远地站着砍倒了毒树。可奇怪的是，不到十几天，毒树重新长起来了，而且枝叶变得更加茂盛，团团簇簇，煞是好看，还有那说不出的种种奇妙之处，众人见了没有不喜欢的。

由于众人不知底细，看到这么一个好地方，都纷纷争着抢着到这棵毒树下来乘凉。可是还没等太阳的影子移开，人们就又遭到了毒害的厄运。

守园人见了，又像以前一样，拿着长柄斧子远远地砍树。可是没多久，树又长出来了，而且长得比被砍之前更加好看。就这样，守园人砍了一次又一次，但每次砍后不久，毒树又重新长出更好看的枝叶来。

那个守园人的族人、亲戚、妻子、儿女、仆人等，都是因贪图

在这树荫下乘凉享乐而中毒身亡。只剩下守园人孤身一人，日夜忧愁苦闷，哭哭啼啼地在路上走。

不一会儿，他碰到了一位老者，就向老者哭诉自己的不幸遭遇。

老者听后，对守园人说："你的这些不幸遭遇和痛苦，完全都是你自己造成的！要想堵住流水，就得高筑堤坝；要想砍绝毒树，就必须挖掘树根啊！

"像你每次砍掉的仅是毒树的枝干，就好比是给毒树修剪枝叶一样，怎么能叫砍树呢？你现在赶紧去挖掉这毒树的根吧！"

『人生感悟』

解决一个问题时，不要被问题的表面现象所迷惑，做一些无用功，要找到问题的关键所在。只有抓住了问题的关键，才能从根本上解决问题。

跳出自己的思维定式，才会走出死胡同

著名的心算家阿伯特·卡米洛以前从来没有失算过。

这一天他表演时，有人上台给他出了道题："一辆载着 283 名旅客的火车驶进车站，有 87 人下车，65 人上车；下一站又下去 49 人，上来 112 人；再下一站又下去 37 人，上来 96 人；再下一站又

下去 74 人，上来 69 人；再下一站又下去 17 人，上来 23 人……”

那人刚说完，心算大师便不屑地答道：“小儿科！告诉你，火车上一共还有——”

“不，”那人拦住他说，“我是请您算出列车一共停了多少站口。”阿伯特·卡米洛呆住了。这位天才的心算家思考的只是老生常谈的数字，但这组简单的加减法却成了他的“滑铁卢”。

真正“滑铁卢”的失败者拿破仑也有一个鲜为人知的故事。

拿破仑被流放到圣赫勒拿岛后，他的一位善于谋略的密友通过秘密方式给他捎来一副用象牙和软玉制成的国际象棋。拿破仑爱不释手，从此一个人默默地下起了象棋，打发着寂寞痛苦的时光。象棋被摸光滑了，他的生命也走到了尽头。

拿破仑死后，这副象棋经过了多次的转手拍卖。后来一个拥有者偶然发现，有一枚棋子的底部居然可以打开，里面塞有一张如何逃出圣赫勒拿岛的详细计划！这位天才的军事家想的只是象棋是用来消遣的，却没有想到象棋里暗藏玄机。

『人生感悟』

很多时候，我们的失败其实都是败在思维定式上。无数事实证明，伟大的创造、天才的发现都是从突破思维定式开始的；但如果在自己的思维定式里徘徊，即使是天才也走不出死胡同。

巧用劣势

有一个10岁的小男孩，在一次车祸中失去了左臂，但是他很想学柔道。

最终，小男孩拜一位日本柔道大师做了师傅，开始学习柔道。他学得不错，可是练了3个月，师傅只教了他一招，小男孩有点弄不懂了。

他终于忍不住问师傅："我是不是应该再学学其他招数？"

师傅回答说："不错，你的确只会一招，但你只需要会这一招就够了。"

小男孩并不是很明白，但他很相信师傅，于是就继续照着练了下去。

几个月后，师傅第一次带小男孩去参加比赛。小男孩自己都没有想到居然轻轻松松地赢了前两轮。第三轮稍稍有点艰难，但对手很快就变得有些急躁，连连进攻，小男孩敏捷地施展出自己的那一招，又赢了。就这样，小男孩迷迷瞪瞪地进入了决赛。

决赛的对手比小男孩高大、强壮许多，也似乎更有经验。小男孩一度显得有点招架不住，裁判担心小男孩会受伤，就叫了暂停，还打算就此终止比赛，然而师傅不答应，坚持说："继续比赛！"

比赛重新开始后，对手放松了戒备，小男孩立刻使出他的那招，制服了对手，由此赢了比赛，得了冠军。

回家的路上，小男孩和师傅一起回顾每场比赛的每一个细节，小男孩鼓起勇气道出了心里的疑问："师傅，我怎么就凭一招就赢得了冠军？"

师傅答道："有两个原因：第一，你几乎完全掌握了柔道中最难的一招；第二，就我所知，对付这一招唯一的办法是对手抓住你的左臂。"

『人生感悟』

有的时候，人的某方面的缺陷未必就永远是劣势，只要善加利用，或者扬长避短，劣势也会转化成优势。

正确的态度是坦然面对自己的缺陷，不有意掩饰，敢于挑战自我，并根据自己的具体情况确立自己的目标，就有可能避开自己的缺陷，甚至可能将劣势转化成优势。

山穷水尽时，应该另辟蹊径

20 世纪二三十年代，美国经济处于大萧条之中，各行各业普遍不景气。在多伦多有位年轻人，是一位画家，当时他家很贫穷。这位画家非常善于画木炭画，但受环境的限制，画得再好也卖不出去。

年轻人整天想着如何把自己的画卖出去，以靠这笔收入养家糊口。但是，人们连饭都吃不上，谁有能力去买画呢？更何况，他只不过是个无名小卒。

后来，年轻人明白，要想靠卖画来养家，只能到富人那里去开拓市场。

问题又来了，他的身边没有富人，他也根本不认识有钱人，又怎么跟他们接近呢？

对此他苦思冥想，最后他来到多伦多《环球邮政》报社资料室，从那里借了一份画册，其中有加拿大的一家银行总裁的正式肖像。他回到家，开始画起来。画完了，他把它放在相框里，装订得端端正正的。画得不错，对此他很自信。

但他怎样才能把画交给对方呢？他在商界没有朋友，所以想得到引见是不可能的。他也知道，如果贸然与对方约会，肯定会被拒绝。写信要求见对方，但这种信可能通不过这位大人物的秘书那一关。这位年轻的画家对人性略知一二，他知道，要想穿过总裁周围的层层阻挡，他必须要抓住对方追求名利的心理，投其所好。

他梳好头发，穿上最好的衣服，来到了总裁的办公室，并要求与他见面。果然不出所料，秘书拦住了他，告诉他如果事先没有约好，想见总裁是不可能的。

“真糟糕，”年轻人说道，同时把画的保护纸揭开，“我只是想拿这个给他瞧瞧。”

秘书看了看画，把它接了过去。她犹豫了一会儿后，说道：“坐下吧，我就回来。”秘书马上回来了，并对他说，“总裁想见你。”

画家进去时，总裁正在欣赏那幅画。“你画得棒极了，”他说，“这张画你想要多少钱？”年轻人舒了一口气，告诉他要100美元，结果成交了。要知道，当时的100美元，可是一笔不菲的收入。

『人生感悟』

处于山穷水尽时，千万不可气馁，也不可就此驻足不前，而应该另辟蹊径，试着用别的方法向自己的目标迈进。只有这样，才可以从另一种途径达到自己的目的。

第十章 心有多大，舞台就有多大

敞开心灵的舞台，去追求你的渴望，实现你的梦想，成就你的憧憬！不管你多么平凡、多么渺小，心有多大，舞台就有多大。

唯有心怀梦想，才有一飞冲天的壮举；唯有志在蓝天，才有盘旋翱翔的雄姿。雏鹰，怀着敞开的心灵，激荡着信心和毅力，历经磨难，终于成为天空中飞翔的精灵。以一双坚强有力的翅膀，承载着对梦想的追求，穿越心灵。

一个人的心有多大，舞台就有多大

美国西部的一个小乡村，一个家境清贫的少年在15岁那年，写下了他气势不凡的《一生的志愿》："要到尼罗河、亚马孙河和刚果河探险；要登上珠穆朗玛峰、乞力马扎罗山和麦金利峰；驾驭大象、骆驼、鸵鸟和野马；探访马可·波罗和亚历山大一世走过的道路，主演一部《人猿泰山》那样的电影；驾驶飞行器起飞降落；读完莎士比亚、柏拉图和亚里士多德的著作；谱一部乐曲；写一本书；拥有一项发明专利；给非洲的孩子筹集100万美元捐款……"

他洋洋洒洒地一口气列举了127项人生的宏伟志愿。不要说实现它们，就是看一看，就足够让人望而生畏了。

少年的心却被他那庞大的《一生的志愿》鼓荡起来，他的全部心思都已被那《一生的志愿》紧紧地牵引着，并开始了将梦想转为现实的漫漫征程。他一路风霜雪雨，硬是把一个个近乎空想的夙愿，变成了一个个活生生的现实，他也因此一次次地品味到了搏击与成功的喜悦。44 年后，他终于实现了《一生的志愿》中的 106 个愿望……

他就是 20 世纪著名的探险家约翰·戈达德。

当有人惊讶地追问他是凭借着怎样的力量，把那许多注定的“不可能”都踩在了脚下时，他微笑着如此回答：“很简单，我只是让心灵先到达那个地方，随后，周身就有了一股神奇的力量，接下来，就只需沿着心灵的召唤前进。”

『人生感悟』

世上没有完不成的心愿，也没有办不到的事情，只有我们想不到的事情和不愿意去做的事情。不管你的心愿有多少，也不管它们有多么不可思议，只要你愿意，只要你用心去努力，就会有实现的一天。记住：一个人的心有多大，舞台就有多大。

信念像一面旗帜，
能给人以无穷的精神力量

罗杰·罗尔斯是美国纽约州历史上第一位黑人州长。他出生在纽约声名狼藉的大沙头贫民窟。那里环境肮脏，充满暴力，是偷渡者和流浪汉的聚集地。在这儿出生的孩子，有不少从小逃学、打架、偷窃甚至吸毒，长大后很少有人从事体面的职业。然而，罗杰·罗

尔斯是个例外，他不仅考入了大学，还成了州长。在记者招待会上，一位记者向他提问："是什么把你推向州长宝座的?"面对三百多名记者，罗尔斯对自己的奋斗史只字未提，只谈到了他上小学时的校长——皮尔·保罗。

1961 年，皮尔·保罗被聘为诺必塔小学的董事兼校长。当时正是美国嬉皮士流行的时代，他走进大沙头诺必塔小学的时候，发现这儿的穷孩子比"迷惘的一代"还要无所事事。他们不与老师合作，旷课、斗殴，甚至砸烂教室的黑板。皮尔·保罗想了很多办法来引导他们，可是没有奏效。后来他发现这些孩子都很迷信，于是在他上课的时候就多了一项内容——给学生看手相。他用这个办法来鼓励学生。

当罗尔斯从窗台上跳下，伸着小手走向讲台时，皮尔·保罗说："我一看你修长的小拇指就知道，将来你是纽约州的州长。"当时，罗尔斯大吃一惊，因为长这么大，只有他奶奶让他振奋过一次，说他可以成为 5 吨重的小船的船长。这一次，皮尔·保罗先生竟说他可以成为纽约州的州长，这着实出乎他的预料。他记下了这句话，并且相信了它。

从那天起，"纽约州州长"就像一面旗帜激励着他。罗尔斯的衣服不再沾满泥土，说话时也不再夹杂污言秽语，他开始挺直腰杆走路。在以后的四十多年间，他没有一天不按州长的标准要求自己。51 岁那年，他终于成了州长。

在就职演说中，罗尔斯说："信念值多少钱？信念是不值钱的，它有时甚至是一个善意的欺骗，然而你一旦坚持下去，它就会迅速增值。”

『人生感悟』

信念是一种无形的力量，它就像一面旗帜，不断鼓舞人心，让人精神振奋。在信念的感召下，困难都会迎刃而解，烦恼和痛苦也无法阻挡我们前进的脚步。只要我们心中怀有一个坚定的信念，并且坚持下去，走向成功就不是什么难事。

展示真实的自己

她想要成为一位歌唱家，可是她长得并不好看。她的嘴很大，牙齿很暴露，每一次公开演唱的时候——在新泽西州的一家夜总会里——她都想把上嘴唇拉下来盖住她的牙齿。她想要表演得很美，结果呢？她使自己大出洋相，总也逃脱不了失败的命运。

可是，一个在那家夜总会里听这个女孩子唱歌的人，认为她很有天分。“我跟你说，”他很直率地说，“我一直在看你的表演，我知道你想掩藏的是什么，你觉得你的牙长得很难看。”这个女孩子非常窘，可是那个男的继续说道，“这是怎么回事？难道说长了龅牙就罪大恶极吗？不要去遮掩，张开你的嘴，观众欣赏的是你的歌声。再说，那些你想遮起来的牙齿，说不定还会带给你好运呢。”

她接受了他的忠告，没有再去注意牙齿。从那时候开始，她只想到她的观众，她张大了嘴巴，热情而高兴地唱着，后来，她成为电影界和广播界的一流红星。她的名字叫凯丝·达莉。

『人生感悟』

每个人都不可能完美无缺，只有从内心接受自己，喜欢自己，欣赏自己，坦然地展示真实的自己，才能拥有成功快乐的人生。

没有必要去掩饰自己的缺陷，尽管你是不完美的，但你仍是独一无二、不可替代的。你喜欢自己，别人也会喜欢你。你珍视自己，别人也会珍视你。期待别人完美是不现实的，期待自己完美则是愚蠢的。喜欢不完美的自己，你将获得对自己的认同和理解；勇敢地展示自己，你将会获得意想不到的成功。

所以，不要苛求自己，不要被完美所累，要相信真我的精彩。

对于自己不熟悉的领域，
不要轻易去涉足

从前，有个农夫，由于庄稼种得好，生活过得很惬意。村子里的人都夸他聪明，并有人断言只要他做生意，肯定能发大财。

农夫的心就痒痒了，和妻子商量要做生意。他的妻子是个明白人，知道他不是做生意的料，就劝他打消这个念头，但农夫主意已定，妻子怎么说都不行。

见劝说无用，妻子就说："做生意总得有本钱吧，你明天就把家中的一只山羊和一头毛驴牵进城去卖了吧。"

妻子找来三个人，对他们叮嘱了一番，说完就回娘家了。

第二天，农夫兴冲冲地上路了。妻子找来帮忙的人偷偷地跟在他的身后。

农夫贪睡，第一个人乘农夫骑在驴背上打盹儿之际，把山羊脖子上的铃铛解下来系在驴尾巴上，把山羊牵走了。不久，农夫猛一回头，发现山羊不见了，便忙着寻找。

这时第二个人走过来，热心地问他找什么。农夫说山羊被人偷走了，问他看见没有。第二个人随便一指，说看见一个人牵着一只山羊从林子中刚走过去，准是那个人，快去追吧。农夫急着去追山羊，把驴子交给这位“好心人”看管。等他两手空空地回来时，驴子与“好心人”自然都没了踪影。

农夫伤心极了，一边走一边哭。当他来到一个水池边时，却发现一个人坐在水池边哭，哭得比他还伤心。

农夫挺奇怪：还有比我更倒霉的人吗？就问那个人哭什么。

那人告诉农夫，他带着一袋金币去城里买东西，走到水边歇歇脚、洗把脸，却不小心把袋子掉进水里了。农夫说，那你赶快下去捞呀。那人说自己不会游泳，如果农夫给他捞上来，愿意送给他 20 个金币。

农夫一听喜出望外，心想：这下可好了，羊和驴子虽然丢了，可能到手 20 个金币，损失全补回来还有富余啊。他连忙脱光衣服跳下水捞起来。当他空着手从水里爬上岸，他的衣服、干粮也不见了。

当农夫沮丧地回到家时，惊奇地发现山羊和毛驴竟然在家中。

他的妻子说：“没出事时麻痹大意，出现意外后惊慌失措，造成损失后急于弥补。你连这些基本的风险都预料不到，又怎么能在商海里征战呢，还是老老实实地在家种地吧！”

『人生感悟』

我们每个人都应该知道自己最适合做什么，并把精力放在做最适合自己的事情上，这样才能有所收获，才能获取成功。如果没有足够的本领与能力，对于自己不熟悉的领域，万不可贸然去涉足，否则就会面临失败。

无论是谁，都有比其他人做得更好的地方

迈可·兰顿生的奋斗事迹照亮了许多人的人生之路，他成了很多人景仰的英雄。

他生长在一个不太和睦的家庭里。他小的时候，母亲经常闹着要自杀，火气一来便抓起吊衣架追着他毒打。因为生活在这样的环境中，他自幼就有些畏缩而且身体瘦弱。然而日后在那部叫座的影片《草原上的小屋》中，他却扮演了那个殷格索家庭的一家之主，他那坚毅而充满自信的性格给大家留下了深刻的印象。迈可的人生为什么会有这样的改变呢？

在他读高中一年级时的一天，体育老师把这一班的学生带到操场去教他们如何掷标枪，而这一次的经验就此改变了他后来的人生。在此之前，不管他做什么事都是畏畏缩缩的，一点自信都没有。可

是那天奇迹出现了——他奋力一掷，只见标枪越过了其他同学的纪录，多出了足足有 9 米。就在那一刻，迈可知道了自己的前途大有可为。在其日后接受《生活杂志》采访时，他回想道：“就在那一天我才突然知道，原来我也有能比其他人做得更好的地方。当时便请求体育老师借给我这支标枪，在那年整个夏天里我就在运动场上掷个不停。”

迈可发现了使他振奋的未来，而他也全力以赴，结果有了惊人的成绩。

那年暑假结束返校后，他的体格已有了很大的改变，而随后的一整年中，他特别加强重量训练，使自己的体能更逐步提升。高三时的一次比赛，他掷出了全美高中生最好的标枪纪录，因而也让他赢得了体育奖学金。这个人生的转变套句他自己的话就是：可真是一只小老鼠变成了一头大狮子。

『人生感悟』

在这个世界上，我们每个人都有自己独特的一面，都有比其他人做得更好的地方，遗憾的是，很多人都不知道或没有找到。当一个人找到了属于自己的领域的时候，他就会由自卑变得自信，并会发挥出自己的潜能。

不断挑战自我的极限，
就没有什么事是做不到的

1912 年，班·费德雯出生于美国。

1942 年，费德雯加入纽约人寿保险公司。单件保单销售，他曾做到 2500 万美元，一个年度的业绩超过 1 亿美元。

费德雯一生中售出数十亿美元的保单，这个金额比全美 80% 的保险公司的销售总额还高。

在这个专业化导向的行业里，连续数年达到 10 万美元的业绩，便能成为众人追求的、卓越超群的“百万圆”桌协会会员，而费德雯做到近 50 年，平均每年的销售额达到近 300 万美元的业绩。放眼寿险史上，没有任何一位业务员能赶上他。而他的一切，仅是在他家方圆 40 里内，一个人口只有 1.7 万人的东利物浦小镇中创造出来的。

1955 年，没有人敢去想，一名寿险业务员的年度业绩竟能超过 1000 万美元。

1956 年，费德雯超过了。

1959 年，2000 万美元的年度业绩被认为是遥不可及的梦，它是那样不可思议，以致从业人员连想都没想过，除了费德雯以外。

1960 年，他把梦想变成事实。

1966 年，费德雯冲破了 5000 万美元的大关。

1969 年，他缔造 1 亿美元的年度业绩，往后更是屡见不鲜。

1984 年，他获颁罗素纪念奖，此为保险业的最高荣誉。

虽然费德雯说自己没有任何秘诀，但其实他已把他的“秘诀”公之于世了。多年来，他总是从早上到晚上，从周一到周日，从不间断地努力工作。

费德雯认为：“对自己的生活方式与工作方式完全满意的人，已陷入常规。假如他们没有鞭策力，使自己成为更好的人，或使自己的工作更杰出，那么他们便是在原地踏步。而正如任何一位业务员会告诉你的，原地踏步就等于退步。”

『人生感悟』

不断努力挑战自我的极限，是一个人成功的必备因素。不论是在工作还是生活中，只要我们敢想敢干，不断地鞭策自己，满怀信心地去挑战自我，那么，就没有什么事是做不到的。

保持积极的心态，发挥出自身的潜能

早在少不更事，守着电视看奥运会的年纪时，摩拉里的心中就充满了梦想，梦想着即将到来的有趣之事。

1984 年，一个机会出现了。他想在他擅长的项目中，成为全世界最优秀的游泳者，但在洛杉矶奥运会上，他却只拿了亚军，想象与梦想并没有实现。他重新回到梦想中，回到游泳池里，又开始意象和实际的训练。这一次目标是 1988 年韩国汉城奥运金牌。他的梦想在奥运预选赛时就烟消云散，他竟然被淘汰了。跟大多数人一样，他变得很沮丧。把这份梦想深埋心中，去康乃尔念律师学校。

有三年的时间，他很少游泳。可是心中始终有股烈焰，他无法抑制这份渴望。离 1992 年夏季赛不到一年的时间，他决定再孤注一掷。在这项属于年轻人的游泳赛中，他算是高龄的，这简直就像是拿着枪矛戳风车的现代堂·吉诃德。所以，他想赢得百米蝶泳赛的想法简直有点不太现实。

对他来说，这也是一个悲伤艰难的时刻，他的母亲因癌症而离世了。她将无法和他一起分享胜利的成果，但是追悼母亲的精神加强了他的决心和意志。令人惊讶的是，他不仅成为美国代表队成员，还赢得了初赛。他的纪录比世界纪录慢了一秒多，在竞赛中他势必要创造一个奇迹。加强想象，增加意象训练，不停地训练，他在心中仔细规划赛程，他的速度会占尽优势，他希望他能超越他的竞争者，一路领先。

预先想象了赛程，他就开始游了。而那一天，他真的站在了领奖台上，看着星条旗冉冉上升，听着美国国歌响起，颈上挂着令人骄傲的金牌。凭着他的积极心态，摩拉里将梦想化为现实，美梦成真。

『人生感悟』

我们的命运是由我们自己的心态来决定的，积极的心态可以发挥出我们自身的潜能，能吸引财富、成功、快乐和健康；消极心态则会排斥这些东西，夺走生活中的一切，它还会使人终身陷入谷底，即使爬到了巅峰，也会被它拖下来。所以，不管什么时候，都要保持积极的心态。

只有明确目标，才能以最快的速度实现目标

1940 年 11 月，他出生在美国三藩市，英文名字叫布鲁斯·李。因为父亲是演员，他从小就有了跑龙套的机会，于是很早就产生了当一名演员的梦想。

由于身体虚弱，父亲让他拜师习武来强身。1961 年，他考入华盛顿州立大学主修哲学，后来，他像所有正常人一样结婚生子。但在他内心深处，一刻也不曾放弃当一名演员的梦想。

一天，他与一位朋友谈到梦想时，随手在一张便笺上写下了自己的人生目标：

“我，布鲁斯·李，将会成为全美国薪酬最高的超级巨星。作为回报，我将奉献出最激动人心、最具震撼力的演出。从 1970 年开始，我将会赢得世界性的声誉；到 1980 年，我将会拥有 1000 万美元的财富，那时候我及家人将会过上愉快、和谐、幸福的生活。”

写下这张便笺的时候，他的生活正穷困潦倒。不难想象，如果这张便笺被别人看到，会引起什么样的嘲笑。

然而，他却把这些话深深铭刻在心底。为实现梦想，他克服了无数常人难以想象的困难。比如，他曾因脊背神经受伤，在床上躺了 4 个月，但后来他却奇迹般地站了起来。

1971 年，命运女神终于向他露出了微笑。他主演的《猛龙过江》等几部电影都刷新了香港票房纪录。1972 年，他主演了香港嘉禾公司与美国华纳公司合作的《龙争虎斗》，这部电影使他成为一名

国际巨星——被誉为“功夫之王”。1998年，美国《时代》周刊将其评为“20世纪英雄偶像”之一，他是唯一入选的华人。

他就是李小龙——一个“最被欧洲人认识的亚洲人”，一个迄今为止在世界上享誉最高的华人明星。

1973年7月，事业刚步入巅峰的他因病身亡。在美国加州举行的李小龙遗物拍卖会上，这张便笺被一位收藏家以2.9万美元的高价买走，同时，2000份获准合法复印的副本也被当即抢购一空。

『人生感悟』

对于一个没有明确航向的人来说，肯定很难到达既定的港湾。只有明确自己的目标和方向，我们才能全力以赴，以最快的速度接近和实现目标。

第十一章 感谢折磨你的人和事

人生在世，总要经受很多折磨，承受各种苦难。其实换一种眼光看世界，这些折磨对人生并不是消极的，反而是一种促进人成长的积极因素。因为，生命是一次次的蜕变过程，唯有经历各种各样的折磨，才能使人生得到升华。如果你已是一个成功者，只要回想一下，就会发现真正促使你进步、成功的，不单是你自己的能力，不单是朋友和亲人的鼓励，更多的时候，是生命中那些折磨过你的人激发了你的潜能，促使你不断进步。因此，你应该感谢那些折磨你的人，不管他们是善意的还是恶意的，他们在折磨你的同时，也在成全你，正是他们让你成长、成熟、成功！

对人生多一些反思，生活会少一点盲目

1963年，应该是春天，在GE公司，一名28岁的员工经历了一生当中最为恐怖的事件之一——爆炸。当时，他正坐在匹兹菲尔德的办公室里，街对面正好是实验工厂。这是一次巨大的爆炸。爆炸产生的气流掀开了楼房的房顶，震碎了顶层所有的玻璃。他飞奔出办公室，向出事的办公楼跑去。他跑到三楼，害怕极了。爆炸带来的灾难比他预想的更糟。一大块屋顶和天花板掉到了地板上，不可思议的是，没有人受重伤。

当时，人们正在进行化学实验。在一个大水槽里，他们将氧气灌入一种高挥发性的溶剂中。这时，一个无法解释的火花引发了这次爆炸。非常幸运的是，安全措施起到了一定的保护作用，爆炸产生的冲击波直接冲向了天花板。但作为负责人，他显然有严重的过失。

第二天，他不得不驱车100公里去康涅狄格的桥港，向集团公司的一位执行官查理·里德解释这场事故的起因。这个人对他是很信任的，但他仍做好了最坏的打算。

他知道这时可以解释为什么会发生这次爆炸，并提出一些解决这个问题的建议。但是由于紧张、失魂落魄，他的自信心就像那爆炸的楼房一样开始动摇。

这是他第一次走进这位领导的办公室。查理·里德很快就使面前的年轻人平静了下来。作为一名从麻省理工学院毕业的化学工程博士，查理·里德是一位有着很高专业素养的杰出科学家。实际上，查理·里德在1942年加入GE公司以前，还在麻省理工学院当过5年应用数学的教师。对技术也同样有着很高的热情，他是个跟企业结婚的单身汉，是GE公司中级别最高的有着一线化学经验的执行官。查理·里德知道在高温环境下做高挥发性气体实验会发生什么。

查理·里德表现得异常通情达理。“我所关注的是你能从这次爆炸中学到什么东西。你是否能够修改反应器的程序？”

年轻人没有想到查理·里德会问这些。

“你们是否应该继续进行这个项目？”查理·里德的表情和口吻充满理解，看不到一丝情绪化的东西或者愤怒。

“好了，我们最好现在就对这个问题有个彻底的了解；而不是等到以后，等我们进行大规模生产的时候。”查理·里德说道，“感谢上帝，没有任何人受伤。”

查理·里德的行为给这个年轻人留下了深刻的印象。

这个28岁的年轻人就是杰克·韦尔奇。回忆起这段经历时，他说："当人们犯错误的时候，他们最不愿意看到的就是惩罚。这时最需要的是鼓励和信心的建立。首要的工作就是恢复自信心。"

『人生感悟』

宽容比惩罚更能使一个人反省、改过。如果因为过失就对他人吹毛求疵，结果可能会适得其反。

宽容并非奢侈品

一次，楚庄王因为打了大胜仗，十分高兴，便在宫中设盛大晚宴，招待群臣，宫中一片热闹景象。楚王也兴致高昂，叫出自己最宠爱的妃子许姬，轮流替群臣斟酒助兴。

忽然一阵大风吹进宫中，蜡烛被风吹灭了，宫中立刻漆黑一片。黑暗中，有人扯住许姬的衣袖想要亲近她。许姬便顺手拔下那人的帽缨并赶快挣脱离开，然后许姬来到庄王身边告诉庄王说："有人想趁黑暗调戏我，我已拔下了他的帽缨，请大王快吩咐点灯，看谁没有帽缨就把他抓起来处置。"

庄王说："且慢！今天我请大家来喝酒，酒后失礼是常有的事，不宜怪罪。再说，众位将士为国效力，我怎么能为了显示你的贞洁而辱没我的将士呢？"说完，庄王不动声色地对众人喊道，"各位，今天寡人请大家喝酒，大家一定要尽兴，请大家都把帽缨拔掉，不拔掉帽缨不足以尽欢！"

于是群臣都拔掉自己的帽缨，庄王命人点亮蜡烛，宫中一片欢笑，众人尽欢而散。

3年后，晋国侵犯楚国，楚庄王亲自带兵迎战。交战中，庄王发现自己军中有一员将官，总是奋不顾身，冲杀在前，所向无敌。众将士也在他的影响和带动下，奋勇杀敌，斗志高昂。这次交战，晋军大败，楚军大胜回朝。

战后，楚庄王把那位将官找来，问他："寡人见你此次战斗奋勇异常，寡人平日好像并未给过你什么特殊好处，你为什么如此冒死奋战呢？"

那将官跪在庄王阶前，低着头回答说："3年前，臣在大王宫中酒后失礼，本该处死，可是大王不仅没有追究、问罪，反而还设法保全我的面子，臣深受感动，对大王的恩德牢记在心。从那时起，我就时刻准备用自己的生命来报答大王的恩德。这次上战场，正是我立功报恩的机会，所以我才不惜生命，奋勇杀敌，就是战死疆场也在所不惜。大王，臣就是3年前那个被王妃拔掉帽缨的罪人啊！"

一番话使楚庄王和在场将士大受感动。楚庄王走下台阶将那位将官扶起，那位将官已是泣不成声。

『人生感悟』

用一种宽容、豁达的胸怀对待"冒犯"你的人，不必采取任何行动，问题便会自动消失，心灵也可以获得一份宁静。

用爱去宽恕，用真诚去回报

在《圣经》中有一则约瑟接纳他哥哥的故事。

约瑟是雅各的第十一子，遭兄长嫉妒，在年少时他被卖往埃及为奴，后来做了宰相。

有一年因为饥荒，他的哥哥们到埃及来寻求食物，约瑟见到了兄长。

约瑟发现自己的哥哥们时，在众多仆人面前终于控制不住自己，他吩咐仆人："所有的人都走吧！"

众仆人都离开了，这时约瑟对哥哥们说："我是约瑟，我的父亲还好吗？"

他的哥哥们无法回答，一个个都目瞪口呆了。

接着，约瑟又对哥哥们说："走近些。"

当他们走近，他说："我是你们的兄弟约瑟，你们曾经把我卖到埃及。"兄长们还是不敢相信。但是，当他们明白一切都是真的时，他们看着眼前的弟弟如此威风、如此荣耀，更是吓得说不出话来了。但是，这时他们听到约瑟说："现在，你们不要因为把我卖到这里而感到难过或谴责自己，那是上帝为了救你们的命把我早些送来这里的。老家发生饥荒已经两年了，接下来还有五年时间，所有的土地将颗粒无收。上帝把我早些送来，是为了让你们继续存活，以特殊的方式搭救你们的性命，所以是上帝而不是你们把我送到这儿来的，他使我成为法老的维西尔（古埃及宰相的称呼），帮他管理埃及。”

对整个人类充满爱心而去真诚爱护每一个人，这是千百年来人类总结出来的处世智慧。

学会从硬币的另一面看待福祸的关系，今天的祸也许是明天的福。对待敌人能用爱心去宽恕，对待朋友能用真诚去回报，你方能成为最强大的人。因为最强大的人是那些能够化敌为友的人。

谅解和接受曾经伤害过你的人，才是最好的待人之道，这样就能得到希望的回报。

『人生感悟』

最强大的人是那些能够化敌为友的人。

别把自己囚禁在仇恨里

一个人在他 20 多岁时被人陷害，在牢房里待了 10 年。

后来冤案告破，他终于走出了监狱。出狱后，他开始了几年如一日地反复控诉、咒骂：“我真不幸，在最年轻有为的时候竟遭受冤屈，在监狱度过本应最美好的一段时光。那样的监狱简直不是人居住的地方，狭窄得连转身都困难。唯一的细小窗口里几乎看不到阳光，冬天寒冷难忍，夏天蚊虫叮咬……真不明白，上帝为什么不惩罚那个陷害我的家伙，即使将他千刀万剐，也难解我心头之恨啊！”

75 岁那年，在贫病交加中，他终于卧床不起。

弥留之际，牧师来到他的床边，说：“可怜的人，去天堂之前，忏悔你在人世间的一切罪恶吧……”

牧师的话音刚落，病床上的他声嘶力竭地叫喊起来：“我没有什么需要忏悔的，我需要的是诅咒，诅咒那些给予我不幸命运的人……”

牧师问：“您因受冤屈在监狱待了多少年？离开监狱后又生活了多少年？”他恶狠狠地将数字告诉了牧师。

牧师长叹了一口气，说：“可怜的人，您真是世上最不幸的人，对您的不幸，我真的感到万分同情和悲痛！他人囚禁了你区区10年，而当你走出监牢本应获取永久自由的时候，您却用心里的仇恨、抱怨、诅咒囚禁了自己整整50年！”

『人生感悟』

把仇恨一直埋在心里，既浪费感情和精力，也让自己颓废和空虚。人生短暂，要做的事情很多，包容一下，一切都会过去。不知道原谅别人而让自己痛苦，才是最大的不幸。

为怨恨的心灵寻找解脱

曼德拉因为领导反对白人种族隔离的政策而入狱，白人统治者把他关在荒凉的大西洋小岛罗本岛上27年。当时曼德拉年事已高，但白人统治者依然像对待年轻犯人一样对他进行虐待。

罗本岛上布满岩石，到处是海豹、蛇和其他动物。

曼德拉被关在总集中营的一个“锌皮房”中，白天打石头，将采石场的大石块碎成石料。他有时要下到冰冷的海水里捞海带，有时干采石灰的活儿——每天早晨排队到采石场，然后被解开脚镣，在一个很大的石灰石场里，用尖镐和铁锹挖石灰石。

因为曼德拉是要犯，看管他的看守就有3人。他们对他并不友好，总是寻找各种理由虐待他。

谁也没有想到，1991年曼德拉出狱后竟当选了总统，他在就职典礼上的一个举动震惊了整个世界。总统就职仪式开始后，曼德拉起身致辞，欢迎来宾。他依次介绍了来自世界各国的政要，然后他说，能接待这么多尊贵的客人，他深感荣幸，但他最高兴的是，当初在罗本岛监狱看守他的3名狱警也能到场。随即他邀请他们起身，并把他们介绍给大家。

曼德拉的博大胸襟和宽容精神，令那些残酷虐待了他27年的白人汗颜，也让所有到场的人肃然起敬。看着年迈的曼德拉缓缓站起，恭敬地向3个曾看守他的狱警致敬，在场的所有来宾以至整个世界，都静了下来。

后来，曼德拉向朋友们解释说，自己年轻时性子很急，脾气暴躁，正是狱中的生活使他学会了控制情绪，因此才活了下来。牢狱岁月给了他激励，使他学会了如何处理自己遭遇的痛苦。他说，感恩与宽容常常源自痛苦与磨难，必须通过极强的毅力来训练。

获释当天，他心情平静：“当我迈过通往自由的监狱大门时，我已经清楚，自己若不能把悲痛与怨恨留在身后，那么我其实仍在狱中。”

『人生感悟』

冤冤相报何时了？我们应该用宽容的心去对待别人，给他人以自我反省的机会，也给自己修炼身心的时间，化干戈为玉帛。如果心里充满了对别人的仇恨，不但使别人生活于痛苦之中，自己的心灵更无法得到解脱。

宽容别人是在升华自己

佛经中讲了这样一个故事。

佛陀在世时，有位阿阇世王，为了夺取王位，害死了自己的父王频婆娑罗王，自立为王。但是，没过多久，他知道弑父的罪孽后，开始心生悔恼，由此而全身发热生疮，臭秽不可闻，经治疗后，病情不但没有减轻，反而越发严重。虽经别人劝请，往佛陀处求取忏悔解救，但仍因自惭形秽不愿去。

频婆娑罗王虽被儿子杀害，但他生前信佛虔诚，深知身心的虚幻无常，故不仅没有任何的怨恨，而且在知道儿子的情况后，反而显灵劝告儿子，告诉他，自己是佛陀的弟子，愿以佛陀的慈悲来原谅他，而且佛陀就快入灭了，如果不赶快去，就再也见不到佛陀了，因为只有佛陀能救他，使他不坠入地狱。受到父王的宽宥和催促，阿阇世王因此前往求见佛陀，而得以获救。

频婆娑罗王的宽容，真是令人感动，他展现了宽容的真义，如此难能可贵的宽容，他不只原谅了儿子，也更升华了自己！

『人生感悟』

宽容不止是一种思想，更是一种可以实践的本质，学会宽容别人，就是在升华自己。给别人一个改过的机会，就是给自己一个更广阔的空间！

宽容铺建了一条五彩路

一个小学校长在他的校园里巡视，当他走到教学楼后面一条正在铺筑水泥的小路上时，他发现还没有完全凝固的水泥地面上有两只玻璃球。他绕过去，尽量靠近那两只玻璃球。他想，一定是孩子们在课间玩耍时一不留神儿把玻璃球弹到了这里，如果现在不赶快把它们抠出来，等水泥完全凝固了，那玻璃球就成了永远的镶嵌物。他弯下腰，准备伸手去抠玻璃球。突然，有两个男孩吃吃地笑着，手拉手从他身边飞快跑过，跑出几十米后，又警觉地回头，似乎是担心会遭到校长的批评。校长愣了一下，猛地意识到了什么，他摆摆手，示意那两个男孩过来。

两个男孩吐着舌头不情愿地走过来，手紧紧捂着口袋。校长微笑着对他们说："你们能不能借给我一样东西？"两人齐声问："什么东西？"校长说："你们口袋里的东西——玻璃球。"两个男孩惊讶万分，低着头，不敢迎视校长的目光。口袋里一阵脆响之后，他们把10多只玻璃球交到了校长手里。

校长俯下身子，像个淘气的孩子，把玻璃球一只一只按到了水泥路面上。两个男孩连忙向校长认错，承认原先那两只玻璃球是他俩按进去的，并表决心说：“我俩再也不敢了。”校长听了爽声大笑起来。他说：“为什么要认错呢？我表扬你们两个还怕来不及呢！你们看，水泥路面原本多么灰暗、多么单调，但是，镶上了几个玻璃球后就显得那么精神、那么漂亮！快去，告诉你们的同学，让大家把玩过的玻璃球、小贝壳、彩石子全都拿来，砌出你们自己喜欢的图案——心形、圆形、三角形，什么图形都可以，咱们要把这条路铺成一条五彩路！”

多少年过去了，当年的孩子又有了孩子。当他们满怀信任地将自己的孩子送进自己的母校时，总忘不了牵着孩子的手，带他们来走这条五彩路。

『人生感悟』

那些美丽自由的图案深藏着少年花样的梦想，被一条缎带般的甬路阐释得具体而透辟。不再年少的心澎湃着、激荡着，在分享不尽的一份包容与睿智面前，再一次感受到了生活的美好，再一次汲取了奋进的力量。

原谅自己仇人的人最高尚

从前有一个富翁，他有 3 个儿子，在他年事已高的时候，富翁决定把自己的财产全部留给 3 个儿子中的一个。可是，到底要把财产留给哪一个儿子呢？

富翁于是想出了一个办法：他要3个儿子都花1年时间去游历世界，回来之后看谁做了最高尚的事情，谁就是财产的继承者。

1年的时间很快就过去了，3个儿子陆续回到家中，富翁要3个人都讲一讲自己的经历。

大儿子得意地说："我在游历世界的时候，遇到了一个陌生人，他十分信任我，把一袋金币交给我保管，可是那个人却意外去世了，我就把那袋金币原封不动地交还给了他的家人。"

二儿子自信地说："当我旅行到一个贫穷落后的村落时，看到一个可怜的小乞丐不幸掉到湖里了，我立即跳下马，从河里把他救了起来，并留给他一笔钱。"

三儿子犹豫地说："我没有遇到两个哥哥碰到的那种事，在我旅行的时候遇到了一个人，他很想得到我的钱袋，一路上千方百计地害我，我差点死在他手上。可是有一天我经过悬崖边，看到那个人正在悬崖边的一棵树下睡觉。

"当时我只要抬一抬脚就可以轻松地把他踢到悬崖下，我想了想，觉得不能这么做。正打算走，又担心他一翻身掉下悬崖，就叫醒了他，然后继续赶路了。这实在算不了什么有意义的经历。"

富翁听完3个儿子的话，点了点头说道："诚实、见义勇为都是一个人应有的品质，称不上高尚。有机会报仇却放弃，反而帮助自己的仇人脱离危险的宽容之心才是最高尚的。我的全部财产都是老三的了。"

『人生感悟』

宽容对一个人来说，永远是一种高尚的品质。事实上，每个人都有不尽如人意的地方，问题在于我们怎样去帮助后进的人，使他进步，切莫让他随波逐流，这才是真正的宽容所在。

没有你的同意，任何人都不能羞辱你

有一位青年画家，在成名前，住在一间狭隘的小房子里，靠画人像维持生计。一天，一个富人经过，看他画得细致，很喜欢，便请他帮忙画一幅人像。双方约定好酬劳是 1 万元。

一个星期后，人像完成了，富人依约前来拿画。这时富人心里起了歹念，欺他年轻又未成名，不肯按照原先的约定付给酬金。富人心中想着："画中的人像是我，这幅画如果我不买，那么绝没有人会买。我又何必花那么多钱来买呢？"

于是富人赖账，他说只愿花 3000 元买这幅画。青年画家呆住了，他从来没碰过这种事，心里有点慌，费了许多唇舌，向富人据理力争，希望富人能遵守约定，做个有信用的人。"我只能花 3000 元买这幅画，你别再说了。3000 元，卖不卖？"

青年画家知道富人故意赖账，心中愤愤不平，他以坚定的语气说："不卖。我宁可不卖这幅画，也不愿受你的屈辱。今天你失信毁约，将来我一定要你付出 20 倍的代价。"

“笑话，20倍，是20万耶！我才不会笨得花20万买这幅画。”

“那么，我们等着瞧好了。”青年画家对悻悻然离去的富人说。

经过这件事的刺激后，画家搬离了这个伤心地，重新拜师学艺，日夜苦练。

功夫不负苦心人，十几年后，他终于闯出了一片天地，成为当地艺术界一位知名的人物。那个富人呢？离开画室后的第二天，就把画家的画和话淡忘了。

有一天，几位朋友告诉他：“朋友！有一件事好奇怪喔！这些天我们去参观一位成名艺术家的画展，其中有一幅画不二价，画中的人物跟你长得一模一样，标示价格20万。好笑的是，这幅画的标题竟然是——《贼》。”

他好像被人当头打了一棍，富人想起了10多年前与画家的事。他立刻连夜赶去找青年画家，向他道歉，并且花了20万买回那幅人像画。青年凭着一股不服输的志气，让富人低了头。

『人生感悟』

这个世界没有人可以真正羞辱你，我们每个人都要告别校园，在社会上行走，为了更好地活着，我们必须读懂人性。

遭遇“不公”时，要从自己身上找原因

生活中经常出现我们意料不到的事，往往是当时我们并不介

意，过了好久才会品咂出一些绵远悠长的味儿来，并让我们打个激灵。

1994年，林少平在一家公司打工，老板是个广东人，对下属非常严厉，从不给一个笑脸，但他是个说一不二的人，该给你多少工资、奖金，不会少你一个子儿，所以，员工都拼命工作。

公司有个规定，不准相互打听谁得多少奖金，否则“请你走好”。虽然很不习惯，他们还是一直遵守着、努力克制着从小就养成的好奇心和窥私癖。有一个月，他们都发现自己的奖金少了一大截，开始不敢说，但情绪总会流露出来，渐渐的大家都心照不宣了。那天中午吃工作餐时，大家见老板不在公司，就有人摔盆碰碗地发脾气，很快得到众人响应，一时怨声盈室。

有一位来公司不久的中年妇女，一直安安静静地吃饭，与热热闹闹的抱怨太不相称，引起了大家的注意。

他们问她：“难道你没有发现你的奖金被老板无端扣掉一截?”她有些吃惊地回答：“没有啊!”大家比她更吃惊了，整个饭厅一下子安静下来，每个人都一脸疑惑，每个人都在心里揣摩，人人都被扣了，为何她得以逃脱？莫非她与老板有那种瓜葛？她这把年纪，至少有三十几了吧，且瘦得一把骨头一张皮的，哪个男人会对这种肉干一样的女人感兴趣？那么是什么原因使她独享优惠政策？后来大家才知道她是被扣得最多的一个。不久她被提升了，大家又嫉妒又羡慕，她的工资会高出一大截来，还有奖金。

很久以后，她向林少平描述当时自己的心情，她的确没有装蒜，她是这样想的：这个月自己一定做得不好，所以只配拿这份较少的奖金，下个月一定努力。为何别的人没有这样的想法呢？她是这样分析的，那时她工作了近20年的工厂亏损得已很厉害，常常发不出工资，开工不足，工人们都在等待(那时还没有下岗的说法)，她等不下去了，因为家庭负担太重，上有生病的老人，下有读书的孩子，还有因车祸落下残疾的丈夫，于是她就出来打工了，收入比起她以前的工资要高出一百多元钱，这让她喜出望外，非常珍惜这份工作，甚至有一种感激的心情。

后来，林少平离开了那家公司，跳了几次槽，一直都没有跳到一个满意的地方。2006年10月，在一次商务茶会上林少平又碰到她。她认出了林少平，而林少平已认不出她来，不仅是因为她胖了些、白了些，那身合身的米雪儿职业装和与脸型非常相称的发型，把她烘托得雅致且老到，那神态有一种阅尽人世变迁的沉稳与成熟，让人一见就会产生与她打交道做生意是可靠的有保障的感觉。此时，她已做到了经理助理的位置，公司的二老板，是标准的白领丽人。谁能想到4年前，她不过是个战战兢兢的下岗女工，且人到中年。看她很熟练且极有分寸地与人周旋，小林内心的感慨是无法用语言来描述的。

林少平一下子就明白了许多道理，他想他是得重新审视一下自己了。

由于我们年轻，拥有很多优势，所以我们总是觉得应该得到更多更好的东西，对生活，我们从不习惯放低姿态，面对眼前五光十色、流金淌银的社会，我们认为索取是最重要的，于是，我们越是不满足，越是得不到想要得到的林林总总。

其实，海纳百川，成汪洋之势，是因为它位置最低。

『人生感悟』

抱怨不如行动，刚参加工作不久的年轻人尤其要懂得努力与感恩。不要想公司为你带来了什么，多问一下自己为公司奉献了什么。

人品因宽容而更完美

托尔斯泰虽然很有名，又出身贵族，却喜欢和平民百姓在一起，与他们交朋友，从不摆大作家的架子。

一次，他长途旅行，路过一个小火车站。他想到车站上走走，便来到月台上。这时，一列客车正要开动，汽笛已经拉响了。托尔斯泰正在月台上慢慢走着，忽然，一位女士从列车车窗里冲他直喊："老头儿！老头儿！快替我到候车室把我的手提包取来，我忘记提过来了。"

原来，这位女士见托尔斯泰衣着简朴，还沾了不少尘土，把他当作车站的搬运工了。

托尔斯泰赶忙跑进候车室拿来提包，递给了这位女士。

女士感激地说："谢谢啦！"随手递给托尔斯泰1枚硬币，"这是赏给你的。"

托尔斯泰接过硬币，瞧了瞧，装进了口袋。

正巧，女士身边有个旅客认出了这位风尘仆仆的"搬运工"，就大声对女士叫道："太太，您知道这位先生是谁吗？他就是列夫·托尔斯泰呀！"

"啊！老天爷呀！"女士惊呼起来，"我这是在干什么事呀！"她对托尔斯泰急切地解释说："托尔斯泰先生！托尔斯泰先生！看在上帝的分儿上，请别计较！请把硬币还给我吧，我怎么会给您小费，多不好意思！我这是干的什么事啊。"

"太太，您干吗这么激动？"托尔斯泰平静地说，"您又没做什么坏事！这个硬币是我挣来的，我得收下。"

汽笛再次长鸣，列车缓缓开动，带走了那位惶恐不安的女士。

托尔斯泰微笑着，目送列车远去，又继续他的旅行了。

『人生感悟』

宽容就是潇洒。"处处绿杨堪系马，家家有路到长安。"宽厚待人，容纳非议，乃生活幸福美满之道。事事斤斤计较、患得患失，活得也累。难得在人世走一遭，潇洒最为重要。

第十二章 世事本不完美，人生当有不足

追求完美是人类正常的渴求，也是人类最大的悲哀，因为现实生活中“完美”这个字眼的诞生原来就伴有缺憾。世界上本无完美之事物，如果你一味地将追求完美的茧一层一层地套在身上，那么你最终也会死在这重重的包裹之中。“完美”实在是生命中没有必要一定去承载的重量，所以，人生旅途中，你永远不要背负“完美”的包袱上路，否则你将永远陷入无法自拔的矛盾之中，最后也只能在哀叹中终老而亡。

太能算计者，快乐与他绝缘

美国心理专家威廉根据多年的实践，列出了 500 个测试题，测试一个人是否是一个“太能算计者”。这些测试题很有意思。比如，是否同意把 1 分钱再分成几份花？是否认为银行应当和你分利才算公平？是否梦想别人的钱变成你的？出门在外是否常想搭辆不花钱的顺路车？是否经常后悔你买来的东西根本不值？是否常常觉得你在生活中总是处在上当受骗的位置？是否因为给别人花了钱而变得闷闷不乐？买东西的时候，是否为了节省 1 块钱而付出了极大的代价，甚至你自己都认为，跑的冤枉路太长了？……

只要你如实地回答这些问题，就能测出你是否是一个“太能算计者”。

威廉认为，凡是对金钱利益太过于算计的人，都是活得相当辛苦的人，又总是感到不快乐的人。在这些方面，他有许多宝贵的总结。

第一，一个太能算计的人，通常也是一个事事计较的人。无论他表面上多么大方，他的内心深处都不会坦然。算计本身首先已经使人失掉了平静，掉在一事一物的纠缠里。而一个经常失去平静的人，一般都会引起较严重的焦虑症。一个常处在焦虑状态中的人，不但谈不上快乐，甚至他是痛苦的。

第二，爱算计的人在生活中，很难得到平衡和满足，反而会由于过多的算计引起对人、对事的不满和愤恨，常与别人闹意见，分歧不断，内心充满了冲突。

第三，爱算计的人，心胸常被堵塞，每天只能生活在具体的事物中不能自拔，习惯看眼前而不顾长远。更严重的是，世上千千万万件事，爱算计者并不是只对某一件事情算计，而是对所有事都习惯于算计。太多的算计埋在心里，如此积累便是忧患。忧患中的人怎么会有好日子过?!

第四，太能算计的人，也是太想得到的人。而太想得到的人，很难轻松地生活。

第五，太能算计的人，必然是一个经常注重阴暗面的人。他总在发现问题，发现错误，处处担心，事事设防，内心总是灰色的。

『人生感悟』

难得糊涂是一种生活智慧与生存哲学。洒脱大方的人会给他人带来欢笑，同时也给自己赢得愉悦的感受。

放慢脚步，

才能欣赏到沿途的风景

一位年轻的总裁，以较快的车速，开着他的新车经过住宅区的巷道。他必须小心游戏中的孩子突然跑到路中央，所以当他觉得小孩子快跑出来时，就要减慢车速，就在他的车经过一群小朋友的时候，他的车门被一个小朋友丢的一块砖头打到了，他很生气地踩了刹车并后退到砖头丢出来的地方。

他走出车外，抓住那个小孩，把他顶在车门一旁说："你知道你刚刚做了什么吗?"接着又吼道，"你知不知道你要赔多少钱来修理这辆新车?你到底为什么要这样做?"

小孩哀求着说："先生，对不起，我不知道我还能怎么办，我丢砖头是因为没有人停下来。"小孩一边说一边流着眼泪。

他接着说："我哥哥从轮椅上掉下来，我没办法把他抬回去。"那男孩啜泣着说，"您可以帮我把他抬回去吗?他受伤了，而且他太重了我抱不动。"

这位年轻的总裁听到这些话后深受感动，他决定帮这个小男孩的哥哥一把，于是他抱起小男孩受伤的哥哥，帮他坐回轮椅，并拿出手帕擦拭他哥哥的伤口。

那个小男孩感激地说："谢谢您，先生，上帝保佑您。"然后小男孩推着他哥哥离开了。年轻的总裁慢慢地、慢慢地走回车上，他决定不修它了。他要让那个凹洞时时提醒自己，不要等周围的人丢砖头过来了，自己才注意到生命的脚步已走得太快。

『人生感悟』

生命是场奇妙的人生之旅，我们大可不必步履匆匆，完全可以放慢脚步，否则错过沿途的风景太可惜——它不会给你第二次回首的机会。

把工作当作一件快乐的事情，就不会再有紧张

非洲的某个土著部落迎来了从美国来的旅游观光团，部落里的人们虽然还没有什么市场观念，可面对这样好的赚钱商机，自然也是不会放过。

部落中有一位老人，他正悠闲地坐在一棵大树下，一边乘凉，一边编织着草帽，编完的草帽他会放在身前一字排开，供游客们挑选购买。他编织的草帽造型非常别致，而且颜色的搭配也非常巧妙，可以称得上巧夺天工了，游客们纷纷驻足购买。

这时候一位精明的商人看到了老人编织的草帽，他脑袋里立刻盘算开了，他想："这样精美的草帽如果运到美国去，我敢保证一定可以卖个好价钱，至少能够获得10倍的利润吧。"

想到这里，他不由激动地对老人说："朋友，这种草帽多少钱一顶呀？"

“10 块钱一顶。”老人冲他微笑了一下，继续编织着草帽，他那种闲适的神态，真的让人感觉他不是在工作，而是在享受一种美妙的心情。

“天哪，如果我买 10 万顶草帽回到国内去销售的话，我一定会发大财的。”商人欣喜若狂，不由得为自己的经商天才而沾沾自喜。

于是商人对老人说：“假如我在你这里定做 1 万顶草帽的话，你每顶草帽给我优惠多少钱呀？”

他本来以为老人一定会高兴万分，可没想到老人却皱着眉头说：“这样的话啊，那就要 100 元一顶了。”

要每顶 100 元？这是他从商以来闻所未闻的事情呀。“为什么？”商人冲着老人大叫。

老人讲出了他的道理：“在这棵大树下没有负担地编织草帽，对我来说是种享受，可如果要我编 1 万顶一模一样的草帽，我就不得不夜以继日地工作，不仅疲惫劳累，还成了精神负担。难道你不该多付我些钱吗？”

『人生感悟』

换种态度对待你的工作，你就不会觉得累。享受工作带来的快乐与成就感，你才感觉不到压力。

过分紧张会影响发挥，做事情不能患得患失

美国著名的高空走钢索表演者瓦伦达在一次重大的表演中，不幸失足身亡。他的妻子在事后说："我知道这一次一定会出事，因为他上场前总是不停地说：'这次太重要了，不能失败，绝不能失败'；而以前每次成功表演，他只想着走钢索这件事本身，而不去管这件事可能带来的一切后果。"后来，人们就把专心致志于事情本身而不去管这件事的意义，没有患得患失的心态，叫作"瓦伦达心态"。

格罗根指出："无论做什么事情，开始时，最为重要的是不要让那些爱唱反调的人破坏了你的理想。"美国斯坦福大学的一项研究也表明，人脑里的某一图像会像实际情况那样刺激人的神经系统。比如，当一个高尔夫球手击球时一再告诉自己不要把球打进水里时，他的大脑里往往就会出现掉进水里的情景，而结果往往是球真的掉进水里。这项研究从另一个方面证实了"瓦伦达心态"。

『人生感悟』

"先投入战斗，然后再见分晓。"拿破仑如是说。只有行动起来，才能让我们忘却焦虑、紧张。

发现生活的美

从前有两个重病人，同住在一家大医院的小病房里。房间很小，只有一扇窗子可以看见外面的世界。其中一个人，在他的治疗中，被允许可以在下午坐在床上一个小时（有仪器从他的肺中抽取液体）。他的床靠着窗，但另外一个人终日都得平躺在床上。

每当下午睡在窗旁的那个人在那个小时内坐起的时候，他都会描绘窗外的景致给另一个人听。从窗口可以看到公园里的湖。湖内有鸭子和天鹅，孩子们在那儿撒面包渣，放模型船，年轻的恋人在树下携手散步，在鲜花盛开、绿草如茵的地方人们玩球嬉戏，后头一排树顶上则是美丽的天空。

另一个人倾听着，享受每一分钟。一个孩子差点跌入湖里，一个美丽的女孩穿着漂亮的夏装……他朋友的述说几乎使他感觉自己目睹了外面发生的一切。

然而，在一个天气晴朗的午后，他心想：为什么睡在窗边的人可以独享看外头的权利呢？为什么我没有这样的机会？他觉得不是滋味，他越这么想，就越想换位子。他一定得换才行！有天夜里他盯着天花板瞧，另一个人忽然惊醒了，拼命地咳嗽，一直想用手按铃叫护士来。但这个人只是旁观而没有帮忙——尽管他感觉同伴的呼吸已经停止了。第二天早上，护士来的时候那人已经死了，只能静静地抬走他的尸体。

过了一段时间，这人开口问，他是否能换到靠窗户的那张床上。他们搬动了他，帮他换位子，这使他觉得很舒服。他们走了以后，他用手肘撑起自己，吃力地向窗外望去……窗外只有一堵空白的墙。

『人生感悟』

心中有快乐，才能看到窗外的美。心态不同，所以看到的景致也不同。一个热爱生活的人，无论置身何处，都会发现生活中的美，感受到生活的乐趣。

别开生面的一堂课，让我们受益良多

在美国的一所大学里，教授在为自己的学生们上一节心理课，主题是“谁是我们一生中最重要的人”，主要是让学生们了解一下在自己内心深处所渴望的恒久慰藉。换言之，让学生们清楚自己最终将情归何处。因为不管是男人还是女人，在临终前都希望自己的亲朋好友或是至亲至爱的人在身边，但最希望的会是哪一位呢?

教授说：“我和大家来做一个游戏，谁愿意配合我一下呢?”

一名女生走上台来。

教授说：“请在黑板上写下你难以割舍的 20 个人的名字。”

女生照做了，她写下了一连串自己邻居、朋友和亲人的名字。

教授说：“请你划掉一个这里面你认为最不重要的人。”女生划掉了一个她邻居的名字。

教授又说："请你再划掉一个。"女生又划掉了一个她的同事。

教授再说："请你再划掉一个。"女生又划掉一个……最后，黑板上只剩下了4个人：她的父亲、母亲、丈夫和孩子。

这时教室里静悄悄的，同学们感觉这似乎已不再是一个游戏了，而特别像一个残酷的现实。

教授平静地说："请再划掉一个。"女生迟疑着，艰难地做着选择……

她举起粉笔，选择划掉了自己父亲、母亲的名字。

"请再划掉一个。"教授的声音再度传来。

这名女生惊呆了，她颤巍巍地举起粉笔，缓慢地划掉了孩子的名字。

她再也忍不住了"哇"的一声哭了，样子非常痛苦。

教授待了一会儿，等她稍微平静后问道："和你最亲的人应该是你的父母和你的孩子，因为父母是养育你的人，孩子是你亲生的，而丈夫是可以重新去找的，但为什么他反倒是你最难割舍的人呢？"

同学们静静地看着那位女同学，等待着她的回答。

女生缓慢而又坚定地说："虽然丈夫可以重新去找，但随着时间的推移，父母会先我而去，孩子长大成人后独立了，肯定也会离我而去，而能真正陪伴我度过一生的只有我的丈夫！"

『人生感悟』

人的终极宿命是孤独的。你独自来到人世，这一切你无法抉择。

每个人都要独自面对一切难题——成长的困惑，蜕变的阵痛，衰老的到来……

一切的一切只有你自己，当然如果有幸还会有同样一个寂寞的个体陪伴我们。那个人的名字叫伴侣。

太在意你的外表，有时反而会成为你的负担

桃乐丝身高不足1.55米，她的体重是62千克。她唯一一次去美容院的时候，美容师说桃乐丝的脸对她来说是一个难题。然而桃乐丝并不因那种以貌取人的社会陋习而烦忧不已，她依然十分快乐、自信、坦然。其实最初桃乐丝并不像现在这样乐观，那么是什么改变了她呢?

桃乐丝还记得自己第一次跳舞时的悲伤心情。舞会对一个女孩子来说总是意味着一个美妙而光彩夺目的场合，正值青春妙龄的桃乐丝对这样的场合自然充满幻想和期待。那时假钻石耳环非常时髦，桃乐丝在她为准备那个盛大的舞会练跳舞的时候老是戴着它，以致她疼痛难忍而不得不在耳朵上贴了膏药。也许是由于这膏药，舞会上没有人和她跳舞，整场舞会下来，桃乐丝在那里坐了整整一个晚上。当她回到家里，桃乐丝告诉父母，自己玩得非常痛快，跳舞跳得脚都疼了。他们听到桃乐丝舞会上的成功都很高兴，欢欢喜喜地去睡觉了。桃乐丝走进自己的卧室，撕下了贴在耳朵上的膏药，伤

心地哭了一整夜。

有一天，桃乐丝独自坐在公园里，心里担忧如果自己的朋友从这儿走过，在他们眼里她一个人坐在这儿是不是有些愚蠢。当她开始读一段散文时，读到有一行写到了一个总是忘了现在而幻想未来的女人，她不禁想："我不像她一样吗？"显然，这个女人把她绝大部分时间花在试图给人留下印象上了，而她很少时间是在过自己的生活。在这一瞬间，桃乐丝意识到自己数年光阴就像是花在一个无意义的赛跑上了。从此桃乐丝完全改变了自己。

『**人生感悟**』

每个人都有其独特的作用与人生的价值，不要因为天生的相貌而妄自菲薄，这样只会使你发挥不出正常的水平，常常让你错失良机。

不过一碗饭，不过一念间

两个不如意的年轻人，一起去拜望师父。"师父，我们在办公室被欺负，太痛苦了，求你开示，我们是不是该辞掉工作？"两个人一起问。

师父闭着眼睛，隔半天，吐出5个字："不过一碗饭。"就挥挥手，示意年轻人回去了。

才回到公司，一个人就递上辞呈，回家种田，另一个安然不动。

日子过得真快，转眼10年过去了。回家种田的以现代方法经营，加上品种改良，居然成了农业专家。另一个留在公司的，也不差，他忍气吞声，努力学习，渐渐受到器重，成了经理。

有一天两个人相遇了。

“奇怪，师父给我们同样‘不过一碗饭’这5个字，我一听就懂了。不过一碗饭嘛，日子有什么难过？何必硬待在公司？所以我就辞职了！”

农业专家问另一个人：“你当时为何没听师父的话呢？”

“我听了啊，”那经理笑道，“师父说‘不过一碗饭’，多受气，多受累，我想不过为了混碗饭吃，老板说什么是什么，少赌气，少计较，就成了，师父不是这个意思吗？”

两个人又去拜望师父，师父已经很老了，仍然闭着眼睛，隔半天，说了5个字：“不过一念间。”然后挥挥手……

『人生感悟』

人生是自己抉择的结果。不同的选择带来不同的命运，我们就是自己命运的建筑师。

播下什么样的种子，
就会结出什么样的果实

从前有一位智慧的老人，每天坐在加油站外面的椅子上，向开

车经过镇上的人打招呼。

这天，他的孙女儿坐在他身旁，陪他慢慢地共度光阴。他俩坐在那里看着人们经过，一位身材很高看来像个游客的男人（他们认识镇上的每个人）到处打听，想要找地方住下来。

陌生人走过来说："你居住的地方怎样？"

老人慢慢抬起头来回答道："你来自怎样的城镇？"

游客说："在我原来住的地方，大家喜欢背后说三道四，互相指责、抱怨。我在那里实在待不下去了，能够换个地方住真是令人愉快的事情。"

摇椅上的老人对陌生人说："那我得告诉你，其实这里也差不多。"

没多久一辆载着一家人的大卡车在这里停下来加油。车子慢慢转进加油站，停在老先生和他孙女儿坐的地方。母亲带着两个小孩子下来问哪里有洗手间，老人指着一扇门，上面有根钉子悬着扭歪了的牌子。

父亲也下了车，问老人说："住在这市镇不错吧？"

坐在椅子上的老人回答："你原来住的地方怎样？"

父亲说："我原来住的城镇每个人都很亲切，人人都愿帮助邻居。无论去哪里，总会有人跟你打招呼，说谢谢。我真舍不得离开。"

老先生转过身来看着父亲，脸上露出和蔼的微笑："其实这里也差不多。"然后那家人回到车上，说了谢谢，挥手再见，驱车离开。

等到那家人走远，孙女儿抬头问祖父："爷爷，为什么你告诉第一个人这里很可怕，却告诉第二个人这里很好呢？”

祖父慈祥地看着孙女儿美丽的眼睛说：“不管你搬到哪里，你都会带着自己的态度；那地方的人是可亲还是可厌，在于你抱有怎样的一颗心！”

『人生感悟』

爱人者人恒爱之。你选择了用怎样的态度对待周遭的人，也就等于选择了他人如何对待你。

放下，幸福的妙方

佛陀在世时，有一位叫黑指的婆罗门拿了两个花瓶前来献佛。

佛陀对他说：“放下！”

黑指就把他左手拿的那个花瓶放下了。

佛陀又说：“放下！”

黑指又把他右手拿的那个花瓶放下了。

佛陀还是对他说：“放下！”

黑指说：“能放下的我已经都放下了，我现在两手空空，没有什么可以再放下了，你到底让我放下什么呢？”

佛陀说：“我让你放下的，你一样也没有放下；我没有让你放下的，你全都放下了。花瓶是否放下并不重要，我要你放下的是你的六根、六尘和六识。你的心已经被这些东西充满了，只有放下这些，你才能从生活的桎梏中解脱出来，才能懂得真正的生活。”

黑指终于明白了。

佛陀说的“放下”这两个字听起来容易，做起来却很难。有的人有了功名，他放不下功名；有了金钱，就放不下金钱；有了爱情，就放不下爱情；有了嫉妒，就放不下嫉妒。世人能有几个能真正地“放下”呢！

放下是一种心境。要真正学会放下，必得有宽广之胸怀、磊落之行止，必得有高远之志向、进取之心态，必得以热切之心入世，以淡泊之心出世，才能做到完全放下，经得起时光的流逝、岁月的痕迹，经得起人世间的恩怨情仇。人一旦真的放下，就能登临山巅，见远黛苍茫、天高地阔，听鸟鸣啁啾、松涛呼啸，并有野花、泥土、树木、青草之香陶然熏面，胸怀于是豁然开朗，牵绊于是顿然消失，只觉耳聪目明、神色俊逸、心神飞扬……

禅语说：“一切放下，一切自在；当下放下，当下自在。”

放下重负的时候，才知道自己已经很辛苦了；放下痴心妄想的时候，才发现自己应该很满足了。

放下一些问题的时候，才能体会到一些问题其实并不需要放在心里；放下一些负担的时候，才能体会到一些负担并不需要挑在肩上。

放下一些实的东西，才能感受到简单生活的乐趣；放下一些虚的东西，才能感受到心灵飞翔的快感。

『人生感悟』

压力要重于手上的花瓶，“放下”，不失为一条追求幸福的绝妙方法！

脱下“习惯”的帽子，就会发现一片艳阳天

据说，很久以前，哈佛的校长为一次错误判断，付出了很大的代价。

一对老夫妇，女的穿着一套褪色的条纹棉布衣服，而她的丈夫则穿着廉价的西装，也没有预约，就直接去拜访哈佛的校长。

校长的秘书在片刻间就断定这两个乡下人不可能与哈佛有业务来往。

老先生轻声地说：“我们要见校长。”

秘书很礼貌地说：“他整天都很忙！”

女士回答说：“没关系，我们可以等。”

过了几个钟头，秘书一直不理他们，希望他们知难而退，自己走开。他们却一直在那里等。

秘书终于决定告知校长：“也许他们跟您讲几句话就会走开。”

校长不耐烦地同意了。

校长很傲慢而且心不甘情不愿地面对这对夫妇。

女士告诉他：“我们有一个儿子曾经在哈佛读过一年，他很喜

欢哈佛，他在哈佛的生活很快乐。但是去年，他出了意外而去世了。我丈夫和我想在校园里为他留一个纪念物。”

校长并没有感动，反而觉得很可笑，粗声地说：“夫人，我们不能为每一位曾读过哈佛而后死亡的人竖立雕像。如果我们这样做了，我们的校园看起来就会像墓园一样。”

女士说：“不是的，我们不是要竖立一座雕像，我们想要捐一栋大楼给哈佛。”

校长仔细地看了一下他们的条纹棉布衣服及粗布西装，然后吐了一口气说：“你们知不知道建一栋大楼要花多少钱？我们学校的建筑物都超过了750万美元。”

这时，女士沉默了。校长很高兴，总算可以把他们打发了。

这位女士转向她丈夫说：“只要750万就可以建一座大楼？我们为什么不建一座大学来纪念我们的儿子？”

就这样，斯坦福夫妇离开了哈佛，到了加州，创立了斯坦福大学，以此来纪念他们的儿子。

『人生感悟』

骄傲与谦恭像水与火一样不相容，自大的人往往眼睛高过头顶，所以看问题也就不能接近真实。以貌取人的人其心理上一般都带有浓厚的优越感，正是这种优越感让他们显得不够谦恭。正因为骄傲的代价很大，所以人们才学会了谦虚。

错过花，你将收获雨

人生在世，爱情全仗缘分，缘来缘去，不一定需要追究谁对谁错。爱与不爱又有谁可以说得清？爱着的时候只管尽情地去爱，爱失去的时候就潇洒地挥一挥手吧，人生短短几十年而已，自己的命运把握在自己手中，没必要在乎得与失、拥有与放弃、热恋与分离。

有这样一对性格不合的夫妇，丈夫 8 次提出离婚要求，而妻子就是死活不离。在法院判决中，女方总是胜诉，就这样一直拖了 29 年。29 年的岁月过去了，这位妇女的青春年华在拖延中消失了，乌黑的头发已成白发，红润的脸颊变黄了，并刻上了一道道岁月的痕迹，身体也被折磨得满身病痛。

由于妻子的坚持，婚姻仍然存在，然而爱情早已荡然无存。她失去了幸福的家庭，失去了自己的青春，失去了健康的身体，也失去了再婚的机会，孩子也没有因此追回父爱。

结果，法院还是判离了。离婚后不到两年，这位不幸的妇女就因病情加重而离开了人世。

学会放弃，在落泪以前转身离去，留下简单的背影；学会放弃，将昨天埋在心底，留下最美的回忆；学会放弃，让彼此都能有个更轻松的开始，遍体鳞伤的爱并不一定就刻骨铭心。这一程情深缘浅，走到今天，已经不容易，轻轻地抽出手，说声再见，真的很感谢，这一路上有你。曾说过爱你的人，今天仍是爱你。只是，爱你，却不能与你在一起。一如爱那原野上的火百合，爱它，却不能携它归去。

每一份感情都很美，每一程相伴也都令人迷醉。是不能拥有的遗憾让我们更感缱绻；是夜半无眠的思念让我们更觉留恋。感情是一份没有答案的问卷，苦苦地追寻并不能让生活更圆满。也许一点遗憾、一丝伤感，会让这份答卷更隽永，也更久远。

爱情没有永久保证书。但，你可以保证洒脱与幸福。

『人生感悟』

收拾起心情，继续走吧，错过花，你将收获雨；错过她，我才遇到了你。继续走吧，你终将收获自己的美丽。

接纳不完美的自己

天生我材必有用。要勇于直面不完美的自我，要相信自己总有能做得很好的事情。

自我容纳的人能够实事求是地看自己，能从自身条件不足和所处的不利环境的局限中解脱出来，去做自己想做的事。

一位挑水夫，有两个水桶，分别吊在扁担的两头，其中一个桶有裂缝，另一个则完好无缺。每趟长途挑运之后，完好无缺的桶，总是能将满满一桶水从溪边送到主人家中，但是有裂缝的桶到达主人家时，却只剩下半桶水。

两年来，挑水夫就这样每天挑一桶半的水到主人家。当然，好桶对自己能够送满整桶水感到很自豪。破桶呢？对于自己的缺陷则非常羞愧，它为只能负起一半的责任感到很难过。

饱尝了两年失败的苦楚，破桶终于忍不住，在小溪旁对挑水夫说："我很惭愧，必须向你道歉。""为什么呢？"挑水夫问道，"你为什么觉得惭愧？""过去两年，因为水从我这边一路地漏，我只能送半桶水到你主人家，我的缺陷使你做了全部的工作，却只收到一半的成果。"破桶说。挑水夫替破桶感到难过，他蛮有爱心地说："等我们回主人家的路上，我要你留意路旁盛开的花朵。"

果真，他们走在山坡上，破桶眼前一亮，看到缤纷的花朵，开满路的一旁，沐浴在温暖的阳光下，这景象使它开心了很多！但是，走到小路的尽头，它又难受了，因为一半的水又在路上漏掉了！破桶再次向挑水夫道歉。挑水夫温和地说："你有没有注意到小路两旁，只有你的那一边有花，好桶的那一边却没有开花呢？我明白你有缺陷，因此我善加利用，在你那边的路旁撒了花种，每回我从溪边来，你就替我一路浇了花！两年来，这些美丽的花朵装饰了主人的餐桌。如果你不是这个样子，主人的桌上也没有这么好看的花朵了！"

『人生感悟』

把自己最弱的部分转化成强项，对任何人都很重要，你可参照以下步骤：

1. 孤立弱点，将它研究透彻，然后设计一个计划加以克服。

2. 详细列出你期望实现的目标。

3. 想象一幅将你自己的弱势变成强势的景象。

4. 立即开始成为你希望的强人。

不要太在意你的着装，
尝试过一种随性的生活

爱因斯坦成为全世界瞩目的科学家之后，经常有来自各地的邀约请他去演讲。他贤惠的妻子总是替他打点行李，把整个行程要穿的衣服一一准备好。

奇怪的是，每次爱因斯坦回来，箱子里的衣服都折叠得整整齐齐，连摆放的次序都没有变动。在妻子追问下，爱因斯坦才承认，他根本没有打开过皮箱，他从头到尾都是穿着那套皱得不成样子的旅行装，就上台演讲了。

有一回，他要在一项非常重要的会议上演讲，几乎所有与会者都穿着正式的礼服，主办单位负责的女士问他需不需要换正式服装，爱因斯坦回答，他不打算换衣服，如果她想要让所有人更尊敬他，他可以挂上一块牌子，上面写着：这套衣服刚刚洗过。

『人生感悟』

我们不必时刻都保持绅士、淑女的派头，这样容易让人觉得很累，不能很好享受生活的轻松、舒适。但无论服装怎样，心灵都需要保持整洁。

抱怨压力过大的人，
也许可以学习南瓜的哲学

美国麻省 Amherst 学院曾经进行了一个很有意思的试验。试验人员用很多铁圈将一个小南瓜整个箍住，以观察当南瓜逐渐生长时，对这个铁圈产生的压力有多大。最初他们估计南瓜最多能够承受大约 500 千克的压力。

在实验的第一个月，南瓜承受了 500 千克的压力；实验到第二个月时，这个南瓜承受了 1500 千克的压力，当它承受到 2000 千克的压力时，研究人员必须对铁圈加固，以免南瓜将铁圈撑开。

最后当研究结束时，整个南瓜承受了超过 5000 千克的压力后瓜皮才产生破裂。

他们打开南瓜，发现它已经无法再食用，因为它的中间充满了坚韧牢固的层层纤维，试图突破包围它的铁圈。为了吸收充分的养分，以便突破限制它成长的铁圈，它的根部甚至延展超过 3 万米，所有的根往不同的方向全方位地伸展，最后这个南瓜独自控制了整个花园的资源。

『人生感悟』

压力越大，动力越大。我们的心灵承受力大大超过我们自身的估量。

第十三章 得意时泰然，失意时淡然

人的一生，总会有得意的时候，也难免有失意的时候。今天春风得意，明天就可能马失前蹄。官场、职场、商场，乃至情场上，莫不如是。

得意不一定就能永远得好，失意也不一定就是完全失败。得意时，不可冲昏了头脑，应当冷静思考退路和余地。月盈则亏，过犹不及，一味高歌猛进往往会碰壁。失意时，不可寒了自己的心，当积极准备，重新出发。人生即便掉到了谷底也不必惶恐，应抬头看，往哪边走都是上坡路。失意不快口，得意不快心。

心态决定你的人生，不要试图和自己过不去

两个有着亚洲血统的孤儿，后来都被来自欧洲的外交官家庭所收养。两个人都上过世界各地有名的学校。但他们之间存在着不小的差别：其中一个是40岁出头的成功商人，而另一个是学校教师，收入低，并且一直觉得自己很失败。

有一天，他们在一起吃晚饭。晚餐在烛光映照中开始了，不久话题进入了在国外的生活。因为在座的几个人都有过周游列国的经历，所以他们开始谈论在异国他乡的趣闻轶事。随着话题的一步步展开，那位学校教师开始越来越多地讲述自己的不幸：她是一个如何可怜的亚细亚孤儿，又如何被欧洲来的父母领养到遥远的瑞士，她觉得自己是如何孤独。

开始的时候，大家都表现出同情。随着她的怨气越来越重，那个商人变得越来越不耐烦，终于忍不住在她面前把手一挥，制止了

她的叙述：“够了！你说完了没有?！你一直在讲自己有多么不幸。你有没有想过如果你的养父母当初在成百上千个孤儿中挑了别人又会怎样？”

学校教师直视着商人说：“你不知道，我不开心的根源在于……”然后接着描述她所遭遇的不公正待遇。

最终，商人朋友说：“我不敢相信你还在这么想！我记得自己25岁的时候无法忍受周围的世界，我恨周围的每一件事、每一个人，好像所有的人都在和我作对似的。我很伤心无奈，也很沮丧。我那时的想法和你现在的一样，我们都有足够的理由报怨。”他越说越激动。

“我劝你不要再这样对待自己了！想一想你有多幸运，你不必像孤儿那样度过悲惨的一生，实际上你接受了非常好的教育。你负有帮助别人脱离贫困的责任，而不是找一堆自怨自艾的借口把自己围起来。在我摆脱了顾影自怜，意识到自己究竟有多幸运后，我才获得了现在的成功！”

那位教师深受震动。这是第一次有人否定她的想法，打断了她的凄苦回忆，而这一切回忆曾是多么容易引起他人的同情。

商人朋友很清楚地说明他们二人在同样的环境下历经挣扎，而不同的是他通过清醒的自我选择，让自己看到了有利的方面，而不是不利的阴影，“凡墙都是门”，即使你面前的墙将你封堵得密不透风，你也依然可以把它视作你的一种出路。

『人生感悟』

人，就是一条河，河里的水流到哪里都还是水，这是无异议的。但是，河有窄、有宽、有平静、有清澈、有冰冷、有混浊等现象，而人也一样。

相信困难会过去，一切都会过去

一个失意的青年，在情感、事业上屡屡碰壁。一天，他在随手打开的杂志上，发现上面刊载着古洛布·帕达逊的一篇文章。那是这位伟大的新闻记者写下的一篇经典之作。

“从前有一个少年站在桥上，倚着栏杆凝视桥下的流水，只见圆木、木片等垃圾不断漂流过去，不久河面变干净了。几百年、几千年、几万年以来，河水都没有改变，不停地在桥下流过。有时流得快有时流得慢，从未停下脚步。”

那天，少年因为观看流水发现了一件事。那既不是用手摸得到的，也不是眼睛看得见的，而是“想法”。他突然领悟到：人生中的一切事物，有一天都会像河水一样从桥下流过去。少年十分喜欢“和桥下的流水一样”这句话。

后来，这个想法在他的人生中发挥了极大的效用。每逢遭遇困难或痛苦时，因为持有这样的想法所以都能一一克服。当失败已无法挽回，或某种东西再也拿不回来时，此刻已经长大成人的他就说“和桥下的流水一样”。他绝不会因失败而感到懊恼，也不会因此一蹶不振，因为他认为那些都“和桥下的流水一样”。

当我们为成功而喜悦时，或为失意而忧伤时，当我们志得意满时，或困苦潦倒时，当我们沉迷在爱河时，或因分手而痛不欲生时，不要忘记：一切都会过去。

『人生感悟』

告别曾经的伤痕和错误，着眼于前方的路吧。一切应向前看，向前找寻答案。

希望，造就积极心态

鲁迅曾经说过：“希望是附着于存在的，有存在，便有希望，有希望，便是光明。”的确，人活着不能没有希望，否则会像失去控制的小船，随波浮沉。希望是热情之母，它孕育着荣誉，孕育着力量，孕育着生命，它使濒临死亡的人看到了生存，使屡遭挫折的人看到了成功，使身处绝境的人看到了力挽狂澜的可能。英国史学家卡莱尔经过多年的艰辛耕耘，终于完成了《法国大革命史》的全部文稿，却在发表前意外地被佣人付之一炬。当初他每写完一章，便随手把原来的笔记、草稿撕得粉碎，这意味着他若想继续，一切就必须从零开始。

他的确是绝望极了，但是向子孙后代讲述法国大革命史的希望渐渐驱散了绝望之云。他又重新搜集整理素材，开始了又一次呕心沥血的写作，第二次完成了《法国大革命史》。卡莱尔虽然厄运当头，却没有失去心中的希望。正是这希望，使他走出阴影，振作精神，重新以极大的热情投入到写作中去。

古今中外，许多曾经胸怀大志的人最终一事无成，其中一个重要的原因，就是在困难面前他们失去了希望。西班牙思想家松苏内吉曾说过："我唯一不能缺少的东西就是希望。"当拥有了希望，无论在怎样的黑暗之中也会看到光明，无论怎样的痛苦也会感到快乐。在漫漫的人生道路上，拥有希望就像是无边大海中的灯塔，指引着我们前进。

『人生感悟』

有希望，才有积极的心。

只要心中有一颗希望的种子，就一定会创造出幸福的奇迹。

生活如镜，给它以微笑，它必将报你以微笑

生活需要微笑。面对人生的风雨、情感的失意、事业的低谷，不妨淡淡一笑。

笑代表着乐观、达观；笑是一种胸怀；笑更是一种生活的境界；笑还是对生活的勇气和信心。

给生活以微笑，生活必将还你以微笑。

当我们冷落了快乐、幸福时，多读一读美国作家奥格·曼迪诺的《笑遍世界》，你会从中寻见幸福的踪影：

我要笑遍世界。

世上种种到头来都会成为过去。心力衰竭时，我安慰自己：这一切都会过去；当我因成功扬扬得意时，我提醒自己：这一切都会过去；穷困潦倒时，我告诉自己：这一切都会过去；腰缠万贯时，我也告诉自己：这一切都会过去。是的，昔日修筑金字塔的人早已作古，埋在冰冷的石头下面，而金字塔有朝一日，也会埋在沙子下面。如果世上种种终必成空，我又为何为今日的得失斤斤计较？

我要笑遍世界。

我要用笑声点缀今天，我要用歌声照亮黑夜。

我不再苦苦寻觅快乐，我要在繁忙中忘记悲伤。

我要笑遍世界。

笑声中，一切都显露本色。我笑自己的失败，它们将化为梦的云彩；我笑自己的成功，它们终将恢复本来面目；我笑邪恶，它们远我而去；我笑善良，它们发扬光大。我要用我的笑容感染别人，虽然我的目的自私，因为皱起眉头会让顾客弃我而去。

我要笑遍世界。从今往后，我只因幸福而落泪，因悲伤而悔恨，挫折的泪水毫无价值，只有微笑可以换来财富，善言可以建起一座城堡。

我不再允许自己因为变得重要、聪明、体面、强大而忘记嘲笑自己和周围的一切。在这一点上，我要永远像小孩子一样，因为只有做回小孩子，我才能尊敬别人，我才不会自以为是。

我要笑遍世界。

只要我能笑，就永远不会贫穷。这也是天赋，我不再浪费它。

只有在笑声和快乐中，我才能真正体会到成功的滋味，只有在笑声和快乐中，我才能享受劳动的果实，如果不是这样的话，我会失败，因为快乐是提味的美酒佳酿。

要享受成功，必须先有快乐，而笑声便是那伴娘。

我要笑遍世界。

『人生感悟』

人生需要笑声。笑，是人生的智慧，是生活的艺术，是绽放在脸上的欢乐花朵，是从心底迸发的喜悦音符。

态度决定人生的高度

一天，有位哲学家带弟子们出行。途中，他问弟子们："有一种东西，跑得比光速还快，瞬间能穿越银河系，到达遥远的地方……这是什么？"弟子们争着回答："我知道、我知道，是思想！"

哲学家微笑着点点头："那么，有另外一种东西，跑得比乌龟慢，当春花怒放时，它还停留在冬天；当头发雪白时，它仍然是个小孩子的模样，那又是什么？"

弟子们不知如何回答。

"还有，不前进也不后退，没出生也不死亡，始终漂浮在一个定点。谁能告诉我，这又是什么？"

弟子们更加茫然，面面相觑。

“答案都是思想！它们是思想的三种表现，换个角度来看，也可比喻成三种人生。”

望着聚精会神的弟子们，哲学家解释说：“第一种是积极奋斗的人生：当一个人不断力争上游，对明天永远充满希望和信心，这种人的心灵不受时空限制，他就好比一支射出的箭，总有一天会超越光速，驾驭万物之上。

“第二种是懒惰的人生：他永远落在别人的屁股后面，捡拾他人丢弃的东西，这种人注定被遗忘。

“第三种是醉生梦死的人生：当一个人放弃努力、苟且偷安时，他的命运是冰封的，没有任何机会来敲门，不快乐也无所谓痛苦。这是一个注定悲哀的人，像水母的空壳漂浮于海中，不存在于现实世界，也不在梦境里……”

弟子们大悟：播种怎样的人生态度，将收获怎样的生命高度和深度。

『人生感悟』

人的一生中，要紧处只有几步，如何使自己的生命更有意义，态度至关重要。

知足，人生才能富足

大哲人老子曾说过：“祸莫大于不知足，咎莫大于欲得。”这句话在今天有着尤其特殊的意义。纵观今日一些落马之人，探其缘由，“祸咎”概莫能出其“不知足”和“欲得”之外。贪婪的欲望使得一个又一个春风得意的“能人”，从马上倏然坠地，沦为“阶下囚”，甚至走上“断头台”。

自老子以后，很多先哲都提倡“知足知止”的教条，这个教条也确实在紧紧地约束着中国人的行止。比如，庄子就是一个清心寡欲的人，他曾告诫人们：“知足者，不以利自累也。”王廷相则说：“君子不辞乎福，而能知足也；不去乎利，而能知足也。故随遇而安，有天下而不与也，其道至矣乎！”吕坤也有一言曰：“万物安于知足，死于无厌。”

由古至今，人类始终难以摆脱欲望，同时在欲望的追逐中不乏涌现出一些有明智之举的理性人物。

希腊哲学家克里安德，当年虽已八十高龄，但依然仙风鹤骨，非常健壮，有人问他：“谁是世上最富有的人？”

克里安德斩钉截铁地说：“知足的人。”

这句话恰和老子的“知足者富”的说法如出一辙。

曾有人问当代美国最富有的石油大王史泰莱：“怎样才能致富？”

这位石油大王不假思索地回答：“节约。”

“谁比你更富有？”

“知足的人。”

“知足就是最大的财富吗？”

史泰莱引用了罗马哲学家塞涅卡的一句名言来回答说：“最大的财富，在于无欲。”

塞涅卡还有一句智慧的话：“如果你不能对现在的一切感到满足，那么纵使让你拥有全世界，你也不会幸福。”

最妙的是，罗马大政治家兼哲学家西塞罗也曾有类似的说法：“对于我们现有的一切感到满足，就是财富上的最大保证。”

知足者常乐，知足便不做非分之想；知足便不好高骛远；知足便安若止水、气静心平；知足便不贪婪、不奢求、不巧取豪夺。知足者温饱不虑便是幸事；知足者无病无灾便是福泽。因此古人说：“养心莫善于寡欲。”我们如果能够把握住自己的心，驾驭好自己的欲望，不贪得、不觊觎，做到寡欲无求，役物而不为物役，生活自然能够知足常乐、随遇而安了。

『人生感悟』

知足不是自满和自负，不是装饰，不是自谦，而是知荣辱，乐自然。真正知足，才会真正快乐。

心中有乐者，人生字典里没有“倒霉”二字

以智慧著称的犹太人说：“这个世界上卖豆子的人应该是最快乐的！因为他们永远不必担心豆子卖不出去。”假如他们的豆子卖不出去，可以拿回家磨成豆浆，然后拿出来卖给行人，如果豆浆卖不完，可以制成豆腐，如果豆腐卖不成，变硬了，就当作豆腐干来卖。

如果豆腐干卖不出去的话，就把这些豆腐干腌制起来变成腐乳。

另外一种选择是：卖豆子的人把卖不出去的豆子拿回家，加上水，让豆子发芽，几天后就可以改卖豆芽了。豆芽如果卖不动，就让它长大些，变成豆苗。如果豆苗还是卖不动，就让它再长大些，移植到花盆，当作盆景来卖，如果盆景卖不出去的话，那么再把它移植到泥土里，让它生长，几个月后，它结出许多新豆子，一颗豆子变成上百颗豆子，想想是多划算的事！

原来，小小的豆子，也可以让人如此快乐。

生活中，我们经常看到许多人，成天乐呵呵的，自己十分羡慕，却又学不来。总觉得现实中烦人的事经常出现，哪能乐得起来呢？其实，诚如古语所说："仁者乐山，智者乐水。"欧阳修说："山水之乐，得之心而寓之酒也。"即是说，如果自己心中无乐，再好的山水也不会使你快乐。

永远保持乐观的精神状态，经常笑一笑，不仅可以"十年少"，而且对我们事业的成功也大有裨益。俄国伟大的诗人普希金，曾写诗劝慰他的一个对人生充满失望与忧伤的朋友，希望这个朋友从痛苦的阴影中走出来，重新焕发对生活的乐观情绪。诗的结尾这样说：

啜饮欢乐到最后一滴吧！潇洒地活着，不要忧心！

顺遂生命的瞬息过程吧！在年轻的时候，你该年轻！

这饱含深情的嘱语，很值得人们思忖。

『人生感悟』

罗曼·罗兰说："所谓内心的快乐，是一个人过着健全的、正常的、和谐的生活所感到的快乐。”对于一个乐观者而言，“倒霉”与他绝缘。

失意时要懂得心宽

月有阴晴圆缺，人生也是如此。亲人反目、朋友失和、情场失意、工作不得志……某个时候，人生之路会突然堵车，让你无所适从。

古人说：“人生得意须尽欢。”其实，人生失意时也不能停下脚步，与沉沦为伍。历史上许多有成就者都有过失意的时候，但他们都能失意不失志，都能做到胜不骄、败不馁。司马迁因李陵一案而身受腐刑，但他没有被打垮，反而成就了他“史家之绝唱，无韵之《离骚》”的传世之作。

失意，会使人细细品味人生，反复咀嚼苦辣，培养自身悟性，不断完善自己，失意而不失志，痛定思痛，重创业绩。失意不是一束鲜花而是一丛荆棘。鲜花虽令人怡情，但常常使人失去警惕；荆棘虽叫人心悸，却使人头脑清醒。

失意，是一针清醒剂，而清醒剂是一条鞭子，它使人知不足。知不足则思学习，学习便有知识，知识越多越能善待失意，将失意当作攀登时的手杖。

失意，是一面镜子，而镜子能照见人的污浊。见朽而小怒，悉心审视自身，再闯新路。一次失意就灰心失望的人，永远是个失败者。善待失意，因为人生本就是一场无休止的战斗，而失意便是无形的敌人，善待失意就能战胜失意。

人生得意，可歌可泣；人生失意，亦需善待。因为人生难免不如意，每个人的一生中，随时都会碰上湍流和险境。如果低下头来，看到的只是险恶与绝望，在眩晕之中失去了生命的斗志，就会使自己堕入地狱里。而我们若能抬头，看到的则是一片辽阔的天空，那是一个充满了希望，并让我们飞翔的天地。

『人生感悟』

失意是一场必经的风雨，是一段必走的路程。失意似荆棘，似良药，固然伤人、苦口，但能使人痛定思痛、头脑清醒。善待失意，才能走出人生的低谷，赢得属于自己的一片天空。

简单即幸福

住在田边的蚂蚱对住在路边的蚂蚱说："你这里太危险，搬来跟我住吧！"路边的蚂蚱说："我已经习惯了，懒得搬了。"几天后，田边的蚂蚱去探望路边的蚂蚱，却发现它已被车子压死了。

——原来掌握命运的方法很简单，远离懒惰就可以了。一只小鸡破壳而出的时候，刚好有只乌龟经过，从此以后，小鸡就打算背着蛋壳过一生。它受了很多苦，直到有一天，它遇到了一只大公鸡。

——原来摆脱沉重的负荷很简单，寻求名师指点就可以了。

一个孩子对母亲说：“妈妈你今天好漂亮。”母亲问：“为什么？”孩子说：“因为妈妈今天一天都没有生气。”

——原来要拥有漂亮很简单，只要不生气就可以了。

有一家商店经常灯火通明，有人问：“你们店里到底是用什么牌子的灯管？那么耐用。”店家回答说：“我们的灯管也常常坏，只是我们坏了就换而已。”

——原来保持明亮的方法很简单，只要常常换掉坏的灯管就可以了。

有一支淘金队伍在沙漠中行走，大家都步伐沉重，痛苦不堪，只有一个人快乐地走着，别人问：“你为何如此惬意？”他笑着说：“因为我带的东西最少。”

——原来快乐很简单，只要放弃多余的包袱就可以了。

当代作家刘心武曾说：“在五光十色的现代世界中，应该记住这样古老的真理：活得简单才能活得自由。”

简单是一种美，是一种朴实且散发着灵魂香味的美。

简单不是粗陋，不是做作，而是一种真正的大彻大悟之后的升华。

简单地做人，简单地生活，不依附权势，不贪求金钱，心静如水，无怨无争，拥有一份简单的生活，不也是一种很惬意的人生？

『人生感悟』

多一点用心，多一些简单，生活真的很美好。

用一颗平常心对待生活

在果园的核桃树旁边，长着一棵桃树，它的嫉妒心很重，一看到核桃树上挂满了果实，心里就觉得很不是滋味。

“为什么核桃树结的果子要比我的多呢？”桃树愤愤不平地抱怨着，“我有哪一点不如它呢？老天爷真是太不公平了！不行，明年我一定要和它比个高低，结出比它还要多的桃子！让它看看我的本事！”

“你不要无端嫉妒别人啦，”长在桃树附近的老李子树劝诫道，“难道你没有发现，核桃树有着多么粗壮的树干、多么坚韧的枝条吗？你也不动动脑想一想，如果你也结出那么多的果实，你那瘦弱的枝干能承受得了吗？我劝你还是安分守己，老老实实地过日子吧！”

自傲的桃树可听不进老李子树的忠告，嫉妒心蒙住了它的耳朵和眼睛，不管多么有理的规劝，对它都起不到任何作用了。桃树命令它的树根尽力钻得深些、再深些，要紧紧地咬住大地，把土壤中能够汲取的营养和水分统统都吸收上来。它还命令树枝使出全部的力气，拼命地开花，开得越多越好，而且要保证让所有的花朵都结出果实。

它的命令生效了，第二年花期一过，这棵桃树浑身上下密密麻麻地挂满了桃子。桃树高兴极了，它认为今年可以和核桃树好好比个高低了。

充盈的果汁使得桃子一天天加重了分量，渐渐地，桃树的树枝、树杈都被压弯了腰，连气都喘不过来了。可是桃树不肯放弃即将到来的荣耀，它下令树枝与树杈要坚持住，不能半途而废。

一天，不堪重负的桃树发出一阵哀鸣，紧接着就听到“咔嚓”一声，树干齐腰折断了。尚未完全成熟的桃子滚落了一地，在核桃树脚下渐渐地腐烂了。

拥有平常心，你也就拥有了人格魅力，也就能“任云卷云舒去留无意”。平常心是宠辱不惊的心，它能够使你视金钱如粪土，视功名为过眼烟云。拜伦说：“真有血性的人，绝不乞求别人的重视，也不怕被人忽视。”爱因斯坦用钞票当书签，居里夫人把诺贝尔奖牌给女儿当玩具。莫笑他们的“荒唐”之举，这正是他们淡泊名利的平常心的表现，是他们崇高精神的折射。

当你用一颗平常心去对待生活时，你就会发现真情就在你身边。平常心是理解、宽容、忍让的心，就是欢乐别人的欢乐、痛苦别人的痛苦、喜悦别人的喜悦。多一分理解和关爱，世界就多一分真、善、美。拥有平常心，你就会奋发进取。平常心是颗尊重别人的心，就是尊重别人的劳动、人格、理想、信仰等。尊重使自己无形间得到好的修养，感受到精神的美。平常心是颗坚强的心，不畏泥泞路，不怕风雪夜。它使人始终奋勇向前，永不倒下。

平常心不是看破红尘，也不是消极遁世。平常心是一种境界，是一种积极的心态。以平常心观不平常事，则事事平常。不以物喜，不以己悲。工作本极平常，以平常心视之，则利于敬业不衰，充分发挥自身潜力。

『人生感悟』

当你用一颗平常心去对待生活时，你就会发现：真情，就在你身边。

图书在版编目（CIP）数据

别在吃苦的年纪选择安逸 / 文思源编著 . —长春 :
吉林文史出版社 , 2019.1（2021.3 重印）
ISBN 978-7-5472-5805-7

Ⅰ . ①别… Ⅱ . ①文… Ⅲ . ①成功心理–通俗读物
Ⅳ . ① B848.4-49

中国版本图书馆 CIP 数据核字 (2018) 第 277637 号

别在吃苦的年纪选择安逸

BIE ZAI CHIKU DE NIANJI XUANZE ANYI

编　　著：文思源
责任编辑：孙建军　董　芳
出版发行：吉林文史出版社有限责任公司（长春市福祉大路 5788 号出版集团 A 座）
www.jlws.com.cn
印　　刷：三河市兴博印务有限公司
印　　次：2019 年 1 月第 1 版　2021 年 3 月第 3 次印刷
开　　本：145mm × 210mm　1/32
印　　张：8 印张
字　　数：170 千字
书　　号：ISBN 978-7-5472-5805-7
定　　价：36.00 元